工程施工安全必读系列

铁路工程

侯永利　主编

中国铁道出版社

2012年·北　京

内容提要

本书以问答的形式介绍了铁路工程基本作业施工安全、铁路路基工程施工安全、铁路轨道工程施工安全、铁路隧道工程安全、铁路桥涵工程安全、铁路通信、信号、电力、电力牵引供电工程施工安全，做到了技术内容最新、最实用，文字通俗易懂，语言生动，并辅以直观的图表，能满足不同文化层次的技术工人和读者的需要。

图书在版编目(CIP)数据

铁路工程/侯永利主编．—北京：中国铁道出版社，2012．5
(工程施工安全必读系列)
ISBN 978-7-113-13799-1

Ⅰ．①铁… Ⅱ．①侯… Ⅲ．①铁路工程—工程施工—安全技术—问题解答 Ⅳ．①U215．8-44

中国版本图书馆 CIP 数据核字(2011)第 223748 号

书　　名： 工程施工安全必读系列
铁 路 工 程
作　　者： 侯永利

策划编辑： 江新锡
责任编辑： 曹艳芳　陈小刚　**电话：** 010－51873193
封面设计： 郑春鹏
责任校对： 孙　玫
责任印制： 郭向伟

出版发行： 中国铁道出版社(100054，北京市西城区右安门西街 8 号)
网　　址： http://www.tdpress.com
印　　刷： 北京市燕鑫印刷有限公司
版　　次： 2012 年 5 月第 1 版　2012 年 5 月第 1 次印刷
开　　本： 850mm×1168mm　1/32　**印张：** 4．125　**字数：** 113 千
书　　号： ISBN 978-7-113-13799-1
定　　价： 11．00 元

工程施工安全必读系列
编写委员会

主　任　魏文彪

副主任　郭丽峰　周　胜

主　审　岳永铭

编　委　范首臣　侯永利　姜　海　靳晓勇

李　伟　李志刚　闫　盈　孟文璐

彭　菲　施殿宝　吴丽娜　吴志斌

熊青青　袁锐文　赵春海　张海英

赵俊丽　张日新　张建边　张福芳

张春霞　周　胜　闫　晨　杜海龙

前言

建设工程安全生产工作不仅直接关系到人民群众生命和财产安全，而且关系到经济建设持续、快速、健康发展，更关系到社会的稳定。如何保证建设工程安全生产，避免或减少安全事故，保护从业人员的安全和健康，是工程建设领域急需解决的重要课题。从我国建设工程生产安全事故来看，事故的根源在于广大从业人员缺乏安全技术与安全管理的知识和能力，未进行系统的安全技术与安全管理教育和培训。为此，国家建设主管部门和地方先后颁布了一系列建设工程安全生产管理的法律、法规和规范标准，以加强建设工程参与各方的安全责任，强化建设工程安全生产监督管理，提高我国建设工程安全水平。

为满足建设工程从业人员对专业技术、业务知识的需求，我们组织有关方面的专家，在深入调查的基础上，以建设工程安全员为主要对象，编写了工程施工安全必读系列丛书。

本丛书共包括以下几个分册：

- **《建筑工程》**
- **《安装工程》**
- **《公路工程》**

《市政工程》

《园林工程》

《装饰装修工程》

《铁路工程》

本丛书依据国家现行的工程安全生产法律法规和相关规范规程编写，总结了建筑施工企业的安全生产管理经验，此外本书集建筑施工安全管理技术、安全管理资料于一身，通过大量的图示、图表和翔实的文字，使本书图文并茂，具有实用性、科学性和指导性。本书完全按照新标准、新规范的要求编写，以利于施工现场管理人员随时学习及查阅。

本书对提高施工现场安全管理水平、人员素质，突出施工现场安全检查要点，完善安全保障体系，具有较强的指导意义。该书是一本内容实用、针对性强、使用方便的安全生产管理工具书。

编者

2012 年 3 月

目录

第一章　铁路工程基本作业施工安全

怎样才能保障劳动安全卫生？ …………………………………… (1)
怎样才能保障施工用电安全？ …………………………………… (2)
怎样才能保障施工现场防火安全？ ……………………………… (4)
怎样才能保障材料储运的安全？ ………………………………… (5)
怎样才能保障危险化学品作业安全？ …………………………… (8)
怎样才能保障施工机械作业施工安全？…………………………… (11)
怎样才能保障锅炉及压力容器作业施工安全？…………………… (14)
怎样才能保障混凝土与砌体工程施工安全？ …………………… (18)
怎样才能保障起重吊装作业安全？………………………………… (19)
怎样才能保障高处作业安全？……………………………………… (21)
怎样才能保障拆除工程施工安全？………………………………… (22)
怎样才能保障特殊场所作业安全？………………………………… (23)
怎样才能保障季节性施工安全？…………………………………… (26)
怎样才能保障高原地区施工安全？………………………………… (27)
怎样才能保障临时工程和过渡工程的施工安全？………………… (29)
怎样才能保障房屋建筑及其他工程施工安全？…………………… (32)

第二章　铁路路基工程施工安全

怎样才能保障地基处理作业施工安全？ ………………………… (35)
怎样才能保障路堤作业施工安全？ ……………………………… (36)
怎样才能保障路堑作业施工安全？ ……………………………… (38)
怎样才能保障过渡段作业施工安全？ …………………………… (39)
怎样才能保障特殊路基作业施工安全？ ………………………… (40)

怎样才能保障支挡防护及放排水工程施工安全？ ……………… (42)
怎样才能保障营业线路基施工安全？ ……………………………… (43)

第三章 铁路轨道工程施工安全

怎样才能保障轨道材料存放、装卸和搬运的安全？ ………… (46)
怎样才能保障有砟道床施工安全？ ………………………………… (48)
怎样才能保障无砟道床施工安全？ ………………………………… (49)
怎样才能保障无缝线路铺设施工安全？ …………………………… (50)
怎样才能保障有缝线路铺设施工安全？ …………………………… (51)
怎样才能保障道岔铺设施工安全？ ………………………………… (54)
怎样才能保障工程运输安全？ ……………………………………… (56)
怎样才能保障营业线轨道施工安全？ ……………………………… (62)

第四章 铁路隧道工程安全

怎样才能保障洞口工程施工安全？ ………………………………… (63)
怎样才能保障超前地质预报作业安全？ …………………………… (65)
怎样才能保障洞身开挖作业施工安全？ …………………………… (67)
怎样才能保障装渣与运输安全？ …………………………………… (68)
怎样才能保障支护与加固作业施工安全？ ………………………… (71)
怎样才能保障衬砌作业施工安全？ ………………………………… (72)
怎样才能保障监控量测作业施工安全？ …………………………… (73)
怎样才能保障施工排水作业安全？ ………………………………… (75)
怎样才能保障通风、防尘与风水电供应安全？ …………………… (76)
怎样才能保障不良地质和特殊岩土地段隧道施工安全？ ……… (80)
怎样才能保障斜井与竖井作业施工安全？ ………………………… (81)
怎样才能保障全断面岩石掘进机(TBM)施工安全？ ……… (82)
怎样才能保障盾构施工安全？ ……………………………………… (83)

第五章 铁路桥涵工程安全

怎样才能保障基础作业施工安全？ ………………………………… (84)
怎样才能保障墩(台)作业施工安全？ ……………………………… (85)
怎样才能保障预应力混凝土简支箱梁预制及

运架作业施工安全？ ………………………………………………… (86)
怎样才能保障预应力混凝土简支 T 型梁预制及
运架作业施工安全？ ………………………………………………… (88)
怎样才能保障桥位制梁施工安全？ ……………………………… (89)
怎样才能保障桥梁支座安装施工安全？ ………………………… (91)
怎样才能保障钢梁架设施工安全？ ……………………………… (92)
怎样才能保障拱桥作业施工安全？ ……………………………… (94)
怎样才能保障桥梁转体作业施工安全？ ………………………… (95)
怎样才能保障涵洞、渡槽、倒虹吸作业施工安全？ …………… (96)
怎样才能保障营业线桥涵施工安全？ …………………………… (96)
怎样才能保障桥面系及附属工程施工安全？ ………………… (100)

第六章 铁路通信、信号、电力、电力牵引供电工程施工安全

怎样才能保障通信作业施工安全？ ……………………………… (102)
怎样才能保障信号作业施工安全？ ……………………………… (104)
怎样才能保障电力作业施工安全？ ……………………………… (107)
怎样才能保障电力牵引供电作业施工安全？ ………………… (112)
怎样才能保障高压电气试验安全？ ……………………………… (115)

参考文献 ……………………………………………………………… (119)

第一章 铁路工程基本作业施工安全

怎样才能保障劳动安全卫生？

(1)建设各方应创造符合国家职业卫生标准和卫生要求的工作环境和条件。

(2)建设各方应建立劳动安全卫生管理制度，定期为参建人员体检。

(3)生产区、辅助生产区和办公生活区应根据作业内容、季节、环境等采取相应的措施，预防和控制职业病、传染病、流行病以及中毒等事故的发生。

(4)发现劳动安全卫生事故隐患时应按规定及时报告。

(5)职业病防治：

1)参建人员应进行职业卫生培训，正确使用职业病防护设备和个人防护用品。

2)对从事接触职业病危害作业的人员，应组织上岗前、在岗期间和离岗时的体检。

3)产生职业病危害的工作岗位，应在其醒目位置设置警示标识和警示说明，并公布有关职业病防治的规章制度、操作规程、应急救援措施和危害因素检测结果。

4)作业场所应符合下列职业卫生要求：

①职业病危害因素的强度或者浓度符合国家职业卫生标准。

②具有与职业病危害防护相适应的设施。

③生产布局合理，符合有害与无害作业分开的原则。

④设备、工具、用具等设施符合保护劳动者生理、心理健康的要求。

⑤符合法律、法规和当地卫生行政主管部门的其他要求。

5)对施工中有职业病危害的作业,应当采取下列措施:

①制定职业病防治计划和实施方案。

②建立、健全职业卫生管理制度和操作规程。

③建立职业卫生档案和健康监护档案。

④建立职业病危害因素监测及评价制度。

⑤制定职业病危害事故应急救援预案,并进行演练。

(6)传染病、流行病防治:

1)开工前,参建各方应进行卫生调查,并采取必要的卫生防疫措施。

2)定期对参建人员体检,并视情况及时接种疫苗。

3)开展预防传染病、流行病的卫生教育,组织力量消除鼠、蚊、蝇等病媒昆虫。

4)在传染病、流行病暴发期应提前采取防疫措施,控制其发生。

5)保证饮用水符合国家规定的卫生标准。

6)生产区、辅助生产区、办公生活区应经常打扫清理。

7)炊管人员应经体检合格并持健康证上岗。

8)对传染病的患者,应早发现,早隔离,早诊治。对患者物品及工作、生活场所应进行消毒、灭菌处理。

9)处理疫情的人员以及在生产、生活中接触病原体的其他人员,应根据国家规定采取有效的防护措施和医疗保健措施。

10)传染病、流行病暴发时,应采取下列紧急措施切断传播途径:

①限制、停止人群聚集的活动。

②根据情况合理安排施工生产。

③封闭被传染病病原体污染的公共饮用水源。

11)传染病、流行病疫情按规定上报。

12)公共食堂应符合相关卫生要求,防止发生食物中毒。

怎样才能保障施工用电安全?

(1)施工用电应采用电源中性点直接接地的380/220 V三相五

线制低压电力系统，并必须符合下列规定：

1)采用三级配电系统。

2)采用 TN－S 接零保护系统。

3)采用二级保护系统。

(2)当采用 10 kV 及以上高压电力系统时，应执行《铁路隧道工程施工安全技术规程》(TB 10304—2009)有关规定。

(3)施工用电设备数量在 5 台及以上，或用电设备容量在 50 kW及以上时，应编制施工用电施工组织设计，经技术负责人批准后实施。施工用电设备数量在 5 台以下，或用电设备容量在 50 kW以下时，应制定安全用电和电气防火措施。

(4)施工现场应由专业技术人员建立用电安全技术档案，定期对电力系统进行检查、量测。

(5)施工电源及高低压配电装置应设专职人员负责运行与维护。

(6)施工现场应对电工和用电人员进行安全用电教育培训和技术交底。电工必须持证上岗。

(7)保护零线应由工作接地线、发电机中性点处、配电室、总配电箱、电源侧零线或总漏电保护器电源侧零线处引出，接地电阻值不应大于 10 Ω。

(8)电气设备的金属外壳必须与保护零线连接。低压电器设备和器材的绝缘电阻严禁小于 0.5 MΩ。

(9)自备发电机组电源应与外电线路电源联锁，严禁并列运行供电。发电机组应设置短路保护和过载保护。

(10)架空线路、电缆线路必须有短路保护和过载保护。

(11)施工用电设施安装后，必须经过验收合格，方可投入使用。

(12)电气设备或线路发生火情时，应首先切断电源，在未切断电源之前，严禁使身体接触导线或电气设备，严禁用水进行灭火。

(13)发生人身触电时，应立即切断电源，方可对触电者做紧急救护。严禁在未切断电源之前与触电者直接接触。

(14)电气装置遇跳闸时，应查明原因排除故障后，方可再行合闸，严禁强行合闸。

(15)施工现场电动建筑机械或手持式电动工具的电源连接线，

必须按其容量选用无接头的铜芯橡皮护套软电缆。其中绿黄双色线在任何情况下只可用作保护零线或重复接地线。

(16)雷雨季节前,避雷装置应以此进行预防性试验,并应量测接地电阻。雷电后,应对阀型避雷器的瓷瓶、连接线和地线进行检查,确保完好无损。

怎样才能保障施工现场防火安全?

(1)施工单位应建立施工消防管理制度、防火安全责任制、动火审批制度和易燃易爆物品的管理办法。

(2)施工现场应制定火灾应急预案,并进行预案演练。

(3)施工现场应划分防火责任区,应根据现场需要合理配备灭火器材。

(4)各类灭火器材、消火栓及水带应经常检查和维护保养。

(5)施工现场发生火灾险情时,应立即启动应急预案,及时向当地消防部门报警,并清理通道,为消防灭火做好准备。

(6)施工现场房屋的建筑构件和建筑材料的防火性能必须符合国家现行标准的要求。

(7)施工现场房屋内装修、装饰应选用不燃、难燃的合格材料。

(8)电器取暖设备无人监控时应断电。

(9)采用火炉取暖时,火炉应与易燃品隔离,并设负责人及值班人员。

(10)应设消防通道,室外宽 4 m,室内宽 0.9 m,并保持畅通。

(11)施工现场应明确划分禁火区,并设置明显警示标志。

(12)现场应在明显易取处设置灭火器、水桶、沙箱、锹、耙等防火专用工具,并有防雨、防冻措施,同时指定专人维护、管理、定期更新,保证状态完好。

(13)在仓库、油库、配电室、木工作业场所、焊割现场及存放易燃、易爆物品场所等地点严禁动用明火,并设置明显的“禁止烟火”标志。上述场所及重要机械设备处应配备相应的消防灭火器材。

(14)焊、割作业开始前,应将作业现场下方和周围的易燃物清理干净。当无法达到要求必须作业时，应采取浇湿、隔离等安全措施。作业结束时，应认真检查现场，在确认无余热引起燃烧危险时，方可离开。

(15)焊、割作业严禁与涂漆、喷漆、脱漆、木工等易燃操作同时、同部位上下交叉作业。

(16)焊、割作业结束或离开操作现场时，必须切断电源、气源。赤热的焊嘴、焊钳以及焊条头等，禁止放在易燃、易爆物品和可燃物上。

(17)喷漆、涂漆的场所应有良好的通风，防止油漆挥发气体浓度达到极限，引起火灾或爆炸。

(18)电气设备和线路应经常检查，发现可能引起火花、短路、发热和绝缘损坏等情况时，必须立即修理。

(19)在易燃、易爆环境中，应采用防爆的电器设备，严禁进行产生火花的施工和带电作业。

(20)野外动火作业，应遵守护林防火的有关规定。

(21)熬制焊锡、绝缘胶、硫磺、石蜡及沥青防腐剂时，应选择空旷场地，并远离易燃、易爆物品且应避开地下管线。

怎样才能保障材料储运的安全？

(1)各种材料应按品种、规格、型号堆码整齐、稳妥。金属材料、木料及构配件等的底部应按规定加设垫块，并应符合下列规定：

1)易于滑滚的材料堆放时必须捆绑牢固，高度不得超过 2 m。

2)片石堆放高度不得超过 1 m，条石、块石堆放高度严禁超过 1.5 m，砖块堆放高度不得超过 2 m，并应平置堆放，互相压叠。

3)人工堆放袋装材料时，高度不得超过 1.5 m。

4)堆放钢板及钢杆件时，高度不得超过 1 m，每层应用垫木隔开。

5)存放压缩气瓶时，应立放于无油、干燥、通风良好、无日光直射的室内。

(2)铁路封闭区域内一般不应存放材料，确需临时存放时，应放置在栅栏(墙)边,严禁侵入规定的铁路限界。

(3)营业线施工存放在线路外侧的钢轨,轨枕,组装的道岔,供电、通信、信号的电杆,未安装完的电缆箱盒等半成品,必须放置平稳,严禁侵入规定的铁路限界,必要时应采取加固措施。

(4)靠近线路存放的材料,严禁侵入规定的铁路限界。道砟、片石、砂子等材料每次卸车后,施工负责人应组织人员全面检查存放情况,不符合规定或存放不稳固的应立即清理。

(5)在桥梁及站台风雨棚等高处存放材料时,必须对其结构、承载力、稳定性进行检算,确保结构安全。

(6)装卸、搬运作业应符合下列规定:

1)装卸、搬运作业场地应平坦,跳板应坚固牢靠,跳板坡度不得大于1∶3,并有防滑措施。

2)作业前应对物料种类、性质、质量、装运地点及安全注意事项进行交底。

3)装卸、搬运危险品必须符合国家现行的有关易燃、易爆、有害物品管理规定,并按现行行业标准《汽车运输、装卸危险货物作业规程》(JT 618—2004)操作,轻搬轻放。在装卸、搬运有毒和腐蚀性物品时,应采取可靠的防护措施。

(7)大型构件的装卸应符合下列规定:

1)大型构件的装卸应制定专项安全技术措施,并由专人指挥。

2)吊装作业必须符合有关内容的规定。

3)吊车装卸时,停留起吊设备的场地应平整、坚固,避开沟渠、坑洞或松软土质。吊车撑脚的支垫应保证起吊时车身平稳,吊车前后轮应固定牢靠。拖车、平板车应制动,前后轮应塞楔牢固。

4)在成堆的构件中起吊时,应防止相邻构件倒塌或翻滚,对未起吊构件必须捆牢。

5)装车时,构件重心应放在车厢中心位置处,并将构件绑扎牢固,支垫平稳。

(8)当使用轻型小车装运材料时,前后两车宜保持2 m以上间距,上下坡道时宜保持10 m以上间距。

(9)大型物件和重型机械设备的运输,必须符合运输管理部门的有关规定。

(10)使用轨道平车运输大型构件应符合下列规定：

1)轨道铺设应平直、圆顺，轨距应在允许误差之内。

2)长钢轨运输时，当轨道曲线半径在 500 m 以下时，应限速 45 km/h；当曲线半径在 300 m 以下及侧向通过道岔时，应限速25 km/h。

3)应检查确认平车的转向托盘或转盘、制动器状态完好，构件支撑牢固。

4)应设专人押运，严禁溜放。

(11)使用平板拖车运输大型构件应符合下列规定：

1)在运输前，应对运输线路的等级、坡度、曲线半径、路面完整情况，沿途公路桥梁、涵洞的承载能力，桥涵高度、宽度等进行全面检查，必要时应采取加固措施。

2)运输超限构件必须向有关部门申报，经批准后，在指定的线路上行驶。牵引车上应悬挂安全警示标志，超高部件应设专人看护，并配有适当的备用工具。

3)速度不宜大于 5 km/h。简支梁的运输，除在横向加斜撑防止倾覆外，平板车上的搁置点必须设有转盘。

4)除一名主驾驶员外，应指派一名副驾驶员，协助嘹望行车线路周围障碍物的情况，发现问题应停车处理。

5)重车下坡时应避免急刹车。驶向转弯或险要地段时，应降低车速，鸣笛示警。

6)在暴风雪、雷雨、大雾天及泥泞的硬滑路面上不得运输。在较好天气运输时，遇长大陡坡，必须提前采取措施。

(12)在水上运输大型构件应符合下列规定：

1)驳船装卸运输大型构件时，应符合航运部门的有关规定，船长必须事先熟悉运输航道和所运构件的特点，非船员不得掌舵开航。

2)装运构件时，应根据驳船的载运能力装载，不准超载。如构件重量不够，则应用重物压仓，以提高船舶稳定性。

3)构件吊装入船后，应绑扎牢固，支垫平稳。驳船使用拖轮牵引转弯时应减速，并不得与其他建筑物碰撞。

4)拖轮牵引构件时，应事先了解航线经过处的水深、流速、障碍物等情况，并制定拖轮牵引方案。当使用多艘拖轮牵引时，应配备对讲机或移动电话等通信器材，并统一指挥。

5）大型预制构件在水运中，应根据构件的高度确定其露出水面的高度，并不应小于 0.5 m。

6）当需临时封闭航道时，应经航运监督部门批准，并派出监护船只跟踪监护。在深水航道行船时，船上作业人员应备救生设备。遇有雨雪、大风天气时，人在船上走动应防滑。

7）拖轮拖运构件时，应随时检查牵引索和大型构件的可靠性和稳定性。发现有异常现象时，应及时采取措施。

怎样才能保障危险化学品作业安全？

（1）储存、运输、使用危险化学品的人员，必须接受有关法律、法规、规章和安全知识、专业技术、职业卫生防护、应急救援知识的培训，并经考核合格，方可上岗作业。

（2）危险化学品使用单位应制定事故应急救援预案，配备应急救援人员和必要的应急救援器材、设备；并定期组织演练。

（3）根据危险化学品的种类、特性，在库房等作业场所应设置相应的监测、通风、防晒、调温、防火、防爆、泄压、防毒、中和、防潮、防雷、防静电、防腐、防渗漏、防护围堤或者隔离操作等安全设施、设备，并按照国家标准和国家有关规定进行维护、保养，确保符合安全运行要求。

（4）危险化学品储存应符合下列规定：

1）储存危险化学品的仓库及场所应设专人管理，管理人员必须配备可靠的个人安全防护用品。

2）储存的危险化学品应有明显的标志，标志应符合有关规定。同一区域储存两种或两种以上不同级别的危险品时，应按最高等级危险物品的性能标志。

3）危险化学品按性能分区、分类、分库储存。各类危险化学品不得与禁忌物料混合储存。

4）储存危险化学品的建筑物、区域内严禁吸烟和使用明火。

(5)危险化学品入库后应采取适当的养护措施。在储存期内，定期检查，发现其品质变化、包装破损、渗漏、稳定剂短缺等，应及时处理。

(6)危险化学品出入库，必须进行核查登记，检验物品质量、数量、包装情况、有无泄漏。当物品性质不清时不得入库。

(7)对剧毒化学品的流向、储存量和用途必须如实记录，防止剧毒化学品被盗、丢失或者误用；发现剧毒化学品被盗、丢失或者误用时，必须立即向当地公安部门报告。

(8)剧毒化学品以及储存数量构成重大危险源的其他危险化学品必须在专用仓库内单独存放，实行双人收发、双人保管制度。

(9)运输、装卸、搬运及使用危险化学品时，应根据危险化学品的危险特性，按有关规定执行，采取安全防护措施，做到轻装、轻卸。严禁摔、碰、撞、击、拖拉、倾倒和滚动。严禁用同一车辆运输互为禁忌的物品。

(10)装卸及使用对人身有毒害及腐蚀性的物品时，操作人员应根据危险性，穿戴相应的防护用品。

(11)修补、换装、清扫、装卸易燃、易爆危险化学品时，应使用不产生火花的铜制、金制或其他工具。

(12)根据危险化学品特性和仓库条件，必须配置相应的消防设备、设施和消防器材。并配备经过培训的专职或兼职消防人员。

(13)处置废弃的危险化学品，应按照《固体废弃物污染环境防治法》和国家有关规定执行。

(14)爆破作业施工单位应具有爆破施工企业资质证书，并取得爆炸物品的购买、存储、运输和爆破作业许可证，未经许可不得从事爆破作业。

(15)施工现场应建立爆破器材安全管理制度、岗位安全责任制度，制订安全防范措施和事故应急预案。

(16)爆破作业人员必须参加培训，经考核并取得有关部门颁发的相应类别和作业范围、级别的安全作业证，持证上岗。

(17)爆破器材运输应符合下列规定：

1)不得用翻斗车、自卸汽车、拖车、自行车、摩托车和畜力车运输爆破器材。

2)专用汽车运输爆破器材时，严禁在人口稠密区、重要设施等附近停留。

3)人工搬运爆破器材时，不得一人同时携带雷管和炸药；雷管和炸药应分别放在专用背包或木箱内。

4)手推车运输爆破器材时，载重量不得超过 300 kg，运输过程中应采取防滑、防摩擦和防止产生火花等安全措施。

(18)爆破器材装卸应符合下列规定：

1)有专人在场监督。

2)设置警卫，无关人员不得在场。

3)爆破器材和其他货物不应混装。

4)雷管等起爆器材，不得与炸药在同时同地进行装卸。

5)遇暴风雨或雷雨时，不得装卸爆破器材。

6)装卸爆破器材的地点，应远离人口稠密区。

7)装卸搬运应轻拿、轻放，码平、卡牢、捆紧，不得摩擦、撞击、抛掷、翻滚、侧置及倒置爆破器材。

8)雷管或硝化甘油类炸药分层装载时不得超过二层。

(19)爆破器材应储存在专用的爆破器材库，库房管理应符合下列规定：

1)爆破器材应码放整齐、稳固，不得倾斜。

2)进入库区不得带烟火及其他引火物。

3)进入库区不应穿带钉鞋和易产生静电衣服，不得使用能产生火花的工具开启炸药、雷管箱。

4)库区的消防、通信设备、警报和防雷装置应定期检查。

5)库区应昼夜警卫。

(20)小型爆破器材库的最大储存量不应超过 1 个月的用量。

(21)爆破器材使用应符合下列规定：

1)爆破工领取爆破器材，应根据当班作业量提出申请，经批准后由两人以上共同领取。性能相抵触的爆炸物品不得同时领取。

2)爆破前应对爆区周围的自然条件和环境状况进行调查，了解危及安全的因素，采取必要的安全防范措施。

3)爆破作业场所有下列情形之一时，不应进行爆破作业：

①岩体有冒顶或边坡滑落危险；

②作业通道不安全或堵塞；

③支护规格不符合支护说明书的规定或工作面支护损坏；

④距工作面 20 m 以内的风流中瓦斯含量达到或超过 1%或有瓦斯突出征兆；

⑤危险区边界未设警戒。

4)爆破器材在使用过程中，必须严格落实使用追踪制度，每一环节责任人必须签认。

5)爆破作业必须由专人统一指挥，划定安全区，布设警戒岗哨，设置警戒标识，爆破作业结束时，必须确认安全后，方可解除警戒。

6)从炸药进入现场开始，应划定装运警戒区，警戒区内严禁烟火。

7)填塞作业应避免夹扁、挤压和拉扯导爆管、导爆索，并应保护雷管引出线。

8)检查人员发现哑炮及其他险情，应及时上报或处理；处理前应在现场设立警告标志，并采取相应的安全措施，无关人员不得接近。

9)施工现场每天剩余爆炸物品必须当日清点、登记退库。

怎样才能保障施工机械作业施工安全？

(1)施工单位应设置机械设备管理部门及管理人员，建立健全各项管理制度，制定安全技术操作规程，建立安全技术档案。

(2)操作人员应体检合格，无妨碍作业的疾病和生理缺陷，并应经过专业培训、考核合格后上岗。起重机械操作人员、场内车辆驾驶员等特种作业人员应持证上岗。

(3)施工机械进入作业地点后，应向操作人员进行施工任务和安全技术交底。操作人员应熟悉作业环境和施工条件，听从指挥，遵守现场安全规定。

(4)操作人员在操作过程中应注意机械工况，不得擅自离开工作岗位。严禁无关人员进入工作区域或操作室内。

(5)操作人员应遵守机械有关保养规定，及时进行各级保养工作，保持机械的完好状态。

(6)实行多班作业的机械操作人员应严格执行交接班制度。

(7)操作人员和配合作业人员必须正确佩戴和使用劳动防护用品。

(8)施工机械必须按照出厂使用说明书规定进行操作，严禁超载作业或任意扩大使用范围。

(9)对于造桥机、架桥机、TBM、盾构机等大型专用设备，使用单位必须根据产品说明书的要求，制定安全技术操作规程。

(10)施工机械上的安全防护装置及监测、指示、仪表等自动报警、信号装置，应齐全完好和有效。

(11)施工机械不得带病运转。运转中严禁接触转动部位，发现不正常时应停机检查，排除故障后方可使用。

(12)新的机械、经过大修或技术改造后的机械，应进行测试和试运转，满足要求后方可使用。

(13)施工现场应为机械作业提供道路、水电、停放场所等必备的条件，并消除妨碍作业的不安全因素。夜间作业应设置照明，其光照度应能满足作业的需要。

(14)机械设备作业前，应确认施工场地电线、电缆、管道、坑道等明、暗设置物的地点及走向，并设置警示标志。在铁路营业线附近作业前，必须按规定与铁路既有设备产权单位签订施工安全协议，明确双方的安全责任，由设备产权单位派人现场监护，施工单位用人力挖探沟确定设置物的具体位置及走向，勘查无误后，方可作业。

(15)机械设备在架空输电线路附近作业时，应按相关规定留出安全距离。

(16)机械集中停放的场所，应设专人看管，并应设置消防器材和工具；大型内燃机械应配备灭火器；机房、操作室及机械四周不得堆放易燃、易爆品。

(17)挖掘机、起重机、打桩机、架桥机等机械的作业区域，应采取安全防护措施并设立警示标志。

(18)在机械产生对人体有害的气体、液体、尘埃、渣滓、放射性射线、振动、噪声等场所，必须配置“三废”处理装置和相应的安全保护设施，并将有害物控制在规定的限度内。

(19)施工机械的使用应符合国家现行《建筑机械使用安全技术规程》(JGJ 33—2001)的要求。

(20)混凝土搅拌机械的使用应符合下列规定：

1)由专业人员按出厂说明书的规定进行安装，并在专业技术人员的指导下进行调试，经验收合格后，方可使用。

2)应空载启动，不得超载作业。

3)作业前，应对搅拌仓、提升斗、制动器、输送带等进行检查，确保状态良好。

4)作业过程中，在储料区内和提升斗下，严禁任何人停留或通过；当必须在料斗下作业时，应将料斗提升后用铁链或插销锁住。

5)搅拌机械运行过程中，应确保检查孔等处防护有效。

6)作业后，进入搅拌仓内进行清理、维修等作业时，必须先切断电源，锁好开关箱，挂上禁止合闸标牌，并设专人监护。

7)搅拌机械在场内移动或远距离运输时，应将进料斗用保险铁链或插销锁住。

(21)混凝土搅拌运输车的使用应符合下列规定：

1)搅拌筒、滑槽、机架缓冲件应无裂痕和损伤；滑槽止动器应无松弛和损坏；搅拌叶片磨损不应超限。

2)运输前，排料槽应锁止在“行驶”位置上，不得自由摆动。

3)在不平路面或转弯处应降低车速，并暂停搅拌筒旋转。

4)作业后，进入搅拌筒内进行清理、维修等作业时，必须先取下内燃机电门钥匙，并在筒外设专人监护。

(22)混凝土输送泵的使用应符合下列规定：

1)混凝土输送泵应安放在平整、坚实的地面上，周围不得有障碍物，工作时应使机身保持水平和稳定，轮胎应楔紧。

2)管道的敷设应符合下列规定。

①水平泵送管道应减少弯曲。

②垂直泵送管道不应直接装接在泵的输出口上，应设置水平过渡管节。

③敷设向下倾斜的管道时，应在泵的输出口上加装一段水平管，其长度不应小于倾斜管高差的5倍。当倾斜管的倾斜度较大

时，应在其上端装设排气活阀。

④管道应支承固定，在管道和固定物之间应设置木垫作缓冲，不应直接与钢筋或模板相连，管道与管道间应连接牢靠、密封，不得漏浆。不应将已磨损管道装在后端高压区。

⑤管道出口端前方严禁站人。

(23)混凝土泵车的使用应符合下列规定：

1)泵车就位地点应平坦坚实，周围无障碍物，上方无架空输电线路，泵车不得停放在斜坡上。

2)布料杆所用配管和软管应按出厂说明书的规定选用，不应使用超过规定直径的配管，装接的软管上应加设防脱安全带。严禁用布料杆起吊或拖拉物件。

3)布料杆处于伸出状态时，不应移动车身。

4)清洗管道时，管道出口端前方严禁站人。

怎样才能保障锅炉及压力容器作业施工安全？

(1)锅炉及压力容器的使用与管理应符合下列规定：

1)凡使用国家规定《蒸汽锅炉安全技术监察规程》、《热水锅炉安全技术监察规程》和《有机热载体锅炉安全技术监察规程》适用范围内的锅炉及《压力容器安全技术监察规程》规定范围内的压力容器，在投入使用前或投入使用后 30 d 内，必须办理使用登记，领取《特种设备使用登记证》，并将登记标志置于该特种设备的显著位置。

2)锅炉及压力容器安全状况发生变化、长期停用、移装或过户、重大修理改造前，使用单位应向所属地技术监督部门办理告知手续。

3)锅炉及压力容器超过安全技术规程规定的使用年限时，使用单位应及时予以报废，并向原登记的特种设备安全监督管理部门办理注销。

(2)操作人员应经考核合格持证上岗，严格执行锅炉及压力容器安全运行的各项制度及安全操作规程，做好运行值班记录和交接班记录。

(3)必须由具备相应资质的单位承担锅炉及压力容器的安装、改造与维修,并由所属地特种设备检验部门检验。

(4)锅炉及压力容器应进行定期检验和运行检验,并应在有效期内运行。投入运行前及受压元件经重大修理或改造后应进行检验。

(5)锅炉及压力容器的水质应符合现行国家《工业锅炉水质》(GB/T 1576—2008)标准的规定,不应以化学清洗代替正常的水处理工作。

(6)锅炉及压力容器安全阀、压力表、温度表等安全附件的校验和维护应符合国家计量部门的规定。

(7)锅炉运行时,严禁保护装置与联锁装置任意退出停用。

(8)锅炉使用单位应制定突然停电时的操作方法和流程,并使操作人员掌握。

(9)蒸汽锅炉运行中,遇有下列情况之一时应立即停炉:

1)锅炉水位低于水位表最低可见边缘。

2)不断加大给水及采取其他措施,但水位仍继续下降。

3)锅炉水位超过最高可见水位(满水),经放水仍不能见到水位。

4)给水泵全部失效或给水系统故障,不能向锅炉进水。

5)水位表或安全阀全部失效。

6)设置在汽空间的压力表全部失效。

7)锅炉元件损坏且危及运行人员安全。

8)燃烧设备损坏、炉墙倒坍或锅炉构架被烧红等严重威胁锅炉安全运行。

9)锅炉运行中发现受压元件泄漏、炉膛严重结焦、受热面金属超温又无法恢复正常。

10)其他异常情况危及锅炉安全运行。

(10)热水锅炉运行中,遇有下列情况之一时应立即停炉:

1)因水循环不良造成锅水汽化,或锅炉出口热水温度上升到与出水压力下相应饱和温度的差小于20℃(铸铁锅炉40℃)。

2)锅水温度急剧上升失去控制。

3)循环泵或给水泵全部失效。

4)压力表或安全阀全部失效。

5)锅炉元件损坏、危及运行人员安全。

6)补给水泵不断给锅炉补水,锅炉压力仍然继续下降。

7)燃烧设备损坏,炉墙倒坍或锅炉构架被烧红等,严重威胁锅炉安全运行。

8)其他异常运行情况,且超过安全运行允许范围。

(11)检修人员进入锅炉内作业时,应符合下列规定:

1)进入锅筒(锅壳)内部作业前,必须有能指出隔断位置、强度足够的金属堵板,将连接其他运行锅炉的蒸汽、给水、排污等管道全部可靠地隔开,且必须将锅筒(锅壳)上的人孔和集箱上的手孔打开,使空气对流一定时间。

2)进入烟道或燃烧室作业前,必须进行通风,并将与总烟道或其他运行锅炉烟道相连的烟道闸门关闭严密。

3)用油或气体作燃料的锅炉,应可靠地隔断油气的来源。

4)在锅筒(锅壳)和潮湿的烟道内作业而使用电灯照明时,照明电压不得超过 24 V;在比较干燥的烟道内,应有安全措施,照明电压不得超过 36 V。严禁明火照明。

5)在锅筒(锅壳)内进行作业时,锅炉外面应设专人监护。

(12)锅炉房应符合下列规定:

1)锅炉房应单独建造,并符合消防和环境保护的有关要求。

2)露天布置的锅炉房应采用阻燃材料建造,并应有可靠的防火、防毒、防风、防冻措施。

3)锅炉房应建立、健全各项规章制度。

4)锅炉房应有锅炉及附属设备的运行记录,交接班记录,水处理设备运行及水质化验记录,设备检修保养记录,上级领导、专业管理人员和安全技术人员对锅炉房的检查记录,事故记录等。

(13)压力容器的使用应符合下列规定:

1)使用单位应制定操作规程。

2)安全阀、爆破片、紧急切断装置、压力表、测温表等附件及检测装置的使用与管理应符合国家现行标准《压力容器安全技术监察规程》的规定。

3)压力容器发生下列异常情况之一时,操作人员应立即采取紧急措施。

①压力容器压力超过规定值,采取措施后仍未得到有效控制;

②压力容器的主要受压元件发生裂缝、鼓包、变形、泄漏等危及安全的情况;

③安全附件失效;

④其他异常情况。

4)压力容器内部有压力时不得进行任何修理。

(14)气瓶的使用应符合下列规定:

1)使用前应对钢印标记、颜色标记及安全状况进行检查,不符合规定的不得使用。

2)气瓶的防振和安全防护装置应齐全、有效、完好。气瓶装卸、搬迁过程中应轻拿轻放,严禁抛掷、振荡。气瓶应分类存放,并远离火源,严禁露天存放。

3)移动作业时,应采用专用小车搬运;乙炔瓶和氧气瓶放在同一小车上搬运时,必须用阻燃的隔板隔开。

4)气瓶严禁敲击、碰撞,严禁在瓶体上引弧,严禁将乙炔瓶放置在电绝缘体上使用。

5)仪表应定期校验,每只氧气瓶、乙炔瓶的减压器上应装一把焊接火钳,胶管应无漏气现象,严禁用明火烘烤解冻。

6)作业过程中,乙炔瓶必须直立放置,氧气瓶和乙炔瓶间必须保证 5 m 以上距离,气瓶与明火间必须保证 10 m 以上防火距离。火钳点火时不得对人,发生回火时必须先关闭乙炔阀,再关闭氧气阀。

7)气瓶阀出口处必须配置专用的减压器和回火防止器。减压器指示的放气压力严禁大于 0.15 MPa。气体流量较大时,应采用多只乙炔瓶汇流供气。

8)乙炔瓶使用过程中,开闭乙炔瓶瓶阀的专用扳手应始终装在阀上。暂时中断使用时,必须关闭焊、割工具的阀门和乙炔瓶阀,严禁手持点燃的焊、割工具调节减压器或开闭乙炔瓶阀。

9)使用过程中,发现泄漏应及时处理,严禁在泄漏的情况下继续使用。

10)乙炔瓶内气体必须保证有不低于 0.05 MPa 的剩余压力，严禁用尽。

11)气瓶的使用单位严禁自行对瓶阀、易熔合金塞等附件进行修理或更换，严禁对气瓶体和底座进行焊接修理。

怎样才能保障混凝土与砌体工程施工安全？

(1)混凝土施工应考虑下列主要危险源、危害因素：

1)混凝土搅拌运输机械操作不当引起伤害。

2)振捣机械用电不当引起触电。

3)混凝土施工高处作业引发坠落。

4)混凝土洒水养生误将水喷到电线或电气设备上引发触电。

(2)混凝土搅拌、运输机械的使用应符合相关内容的规定。

(3)混凝土浇筑与养护作业应符合下列规定：

1)振捣器或振动器应安装漏电保护器；电源线规格应符合设备要求，确保绝缘无破损，接头连接牢固；保护零线应符合要求。

2)检修或作业停止时，必须切断电源，严禁用电缆线、软管拖拉或吊挂振捣器或振动器。

3)作业人员应佩戴相应的防护用品。

4)混凝土振动台应安装在牢固的基础上，地角螺栓应连接牢固。装置振动器的构件模板应坚固牢靠。

5)振捣器不得在初凝混凝土、脚手架和干硬的地面上试振。

6)混凝土浇筑过程中应对模板、支(拱)架、钢筋骨架的失稳、变形进行检查，发现异常情况时，必须立即停止作业，并整修加固合格。

7)洒水养护时，作业人员应避让混凝土构筑物顶面的障碍物和孔洞，拉移水管时不得倒退行走，严禁向输电线路及电器设施上喷水。

(4)砌体施工应考虑下列主要危险源、危害因素：

1)碎石作业时石块飞溅伤人。

2)高处坠落。

3)落石打击。

4)基坑坍塌。

(5)砌体工程基础开挖、砌筑作业,必须按标准规定佩戴安全帽。碎石作业必须按标准规定佩戴安全帽、护目镜。

(6)砌体挡护工程基础开挖作业应根据土质及地下水情况制订相应的安全技术措施。

(7)铁路营业线砌体挡护工程基础开挖作业,应按营业线施工有关规定执行。当基础开挖影响路基稳定时,必须采取加固防护措施。

(8)在离地面 2 m 及以上的高处或高边坡坡面上从事砌筑、撬石、运料等作业时,必须搭设脚手架作业平台并设防护网防护,作业人员应系安全带。

(9)挡护工程砌筑时,应先做好排水,经常检查基坑边坡稳定情况。高出地面时,人员严禁靠近墙脚或坡脚。砌筑锥体或坡面时,严禁采用自上而下自由滚落的方式运送石料。

(10)人力抬运石料应捆绑牢固,平稳放落。

(11)砌体砌筑时,不得将手、脚伸入石缝中或石块底部。

(12)砌体坡面砌筑时,应预先清除上方不稳固石块等物料。

怎样才能保障起重吊装作业安全?

(1)施工单位应根据工程特点和作业环境,对危险性较大、环境复杂的吊装作业编制安全专项施工方案。

(2)参加起重吊装的作业人员必须经过专业培训,特种作业人员必须考核合格,持证上岗。

(3)起重机械使用前必须经检查确认符合要求及进行试吊后,方可使用。

(4)钢丝绳及钢丝绳夹的使用应符合下列规定:

1)钢丝绳应无死弯、不起油,在任何一个断面内的断丝数量不得超过此断面总根数的 5%,当接头采用插接时,插接长度不得小于钢丝绳直径的 20 倍,总长度不得短于 300 mm。

2)接头采用钢丝绳夹连接时应有足够的绳夹数量，并紧固牢靠。

3)机械用钢丝绳应符合现行国家标准《重要用途钢丝绳》(GB 8918－2006)的规定。

4)起重机用钢丝绳的检验和报废应符合现行国家标准《起重机、钢丝绳、保养、维护、安装、检验和报废》(GB/T 5972－2009)的规定。

5)架空索道用钢丝绳的检验和报废应符合现行国家标准《索道用钢丝绳检验和报废规范》(GB/T 9075－2008)的规定。

6)钢丝绳的绳端采用钢丝绳夹固定时，应符合现行国家标准《钢丝绳夹》(GB/T 5976－2006)的规定。

(5)吊钩的使用应符合下列规定：

1)吊钩的表面不应有裂纹。

2)钩号为006—5的吊钩应检查开口度，其余钩号的吊钩应检查测量长度，其值严禁超过使用前实际尺寸的10%。

3)吊钩磨损后的危险截面实际高度严禁小于基本尺寸的95%。

4)吊钩吊柄腐蚀后的直径严禁小于基本尺寸的95%。

5)吊钩的螺纹不得腐蚀。

(6)吊装作业前，应对起重机械的制动器、吊钩、钢丝绳和安全装置进行检查，发现性能不正常时，应在操作前排除。

(7)吊装作业中，当重物吊起、转向、走行、接近人员、重物下落时，必须鸣铃示警。吊装物上严禁站人。

(8)遇6级及以上强风时必须停止露天吊装作业。

(9)钢筋、型钢、管材等细长和多根物件吊装时，必须捆扎牢固，多点起吊。

(10)严禁在超过起重机械容许荷载、荷载不明和斜拉重物的情况下起吊。

(11)起重指挥应由安全技术培训合格的专职人员担任，无指挥或信号不清时严禁起吊。

(12)电动起重机械作业突然断电时，应将所有的控制器手柄扳回零位；在重新工作前，应检查起重机械动作是否正常。

(13)对电动起重机械进行维护保养时,应切断主电源、加锁并挂上标志牌。

(14)在轨道上工作的起重机械,当作业结束时,应将起重机械与轨道锁定。

(15)起重机械在作业中停机时,必须先将重物落地,不应将重物悬在空中停机。

(16)当吊钩处于工作位置最低点时,钢丝绳在卷筒上的缠绕,除固定绳尾的圈数外,必须不少于2圈。

(17)利用非标起重设备进行起重吊装作业时,施工单位应制定安装、拆除、吊装作业的安全技术操作规程及安全管理制度,并对作业人员进行安全技术培训后方可上岗作业。

(18)起重机械严禁越过无防护措施的外电架空线路作业。在外电架空线路附近吊装时,应符合《铁路工程基本作业施工安全技术规程》(TB 10301—2009)第12.2节相关内容的规定。

(19)在电气化铁路上使用架桥机、起重机等设备作业当距接触网带电部分小于2 m进行作业时,接触网必须停电。

怎样才能保障高处作业安全?

(1)高处作业必须编制安全技术措施,工艺复杂、危险性较大的工程应编制安全专项施工方案。

(2)高处作业人员必须定期进行体检。

(3)高处作业人员必须经过专业技术培训,特殊工种人员必须持证上岗。施工前,应逐级进行安全技术教育及交底,落实所有安全技术措施。

(4)高处作业所需的安全防护用品及防护设施、标志、工具、仪表、电器设施,必须在施工前进行检查或试验合格,方可投入使用;作业人员必须正确佩戴和使用防护用品。

(5)高处作业必须系安全带,安全带应挂在牢固的物件上,严禁在一个物件上拴挂多根安全带或一根安全带上拴多个人。

(6)作业人员必须从专用的通道或爬梯上下,严禁攀登脚手架。

攀登的用具、结构构造必须牢固可靠。

(7)高处作业所用的物料、机具、工具等,必须堆平放稳,不得妨碍通行和装卸。对有可能坠落的物件必须先行撤除或加以固定。

(8)对进行高处作业的高耸建筑物、构筑物等,应按规定设置避雷设施;遇有6级及以上强风、暴雨、浓雾等恶劣天气,严禁进行室外攀登与悬空作业。暴风雪及台风暴雨前后,应对高处作业安全设施逐一检查,发现异常立即采取加固措施。

(9)雨雪天气进行高处作业时,必须采取可靠的防滑、防寒、防冻措施,及时清除水、雪、冰、霜。

(10)临时拆除或变动安全防护设施时,必须经施工负责人批准,并采取相应可靠的安全措施,作业后应立即组织恢复。

(11)防护设施搭设与拆除时,应设警戒区,并派专人监护。拆除时应自上而下,严禁上下同时拆除。

(12)立体交叉作业时,不得在同一竖直方向上下同时操作。下层作业的位置,必须处于依上层高度确定的可能坠落半径范围之外。不符合以上条件必需作业时,应设置安全防护层。

(13)上方施工可能坠落的物件及处于起重臂回转范围内的通道,在其受影响的范围内,必须搭设顶部能防止穿透的防护廊。

(14)跨越公路、铁路行车线、居民区、架空电线路施工前,必须采取可靠防护措施。

怎样才能保障拆除工程施工安全?

(1)建设单位应向施工单位提供拆除工程的有关图纸和资料以及涉及区域的地上、地下建筑设施分布资料。

(2)施工单位应全面掌握拆除工程的图纸和资料,进行现场勘察,必须编制安全专项施工方案、制定事故应急预案。

(3)拆除工程施工准备应符合下列规定:

1)建设单位应负责做好影响拆除工程安全施工的各种管线的切断、迁移工作。

2)施工单位在拆除施工前,应检查各类管线情况,确认全部切断后方可施工。

3)拆除施工现场周围、进出口应设置围挡、警示标志,非作业人员不得进入拆除施工现场,并采取相应的防止扬尘措施。

4)建设单位应按属地有关部门的规定确定固体废弃物处置地点。施工单位应将拆除的固体废弃物运至指定地点。

(4)拆除工程施工中当发现不明物体时应立即停止施工,采取相应措施保护现场,并及时向建设单位及有关部门报告。

(5)严禁立体交叉作业。

怎样才能保障特殊场所作业安全?

(1)施工单位在建设项目施工前,必须检查确认施工作业过程与环境中存在的对作业人员健康的职业危害因素及其危害程度,制定职业危害防治实施方案和应急预案,健全管理制度和操作规程,对作业人员进行安全技术交底。

(2)特殊场所作业应符合下列规定:

1)职业危害因素的强度或浓度等级应符合国家职业卫生标准。

2)应具有与职业危害程度相适应的防护设施。

3)生产布局应符合有害与无害作业分开的原则。

4)应具有配套的更衣间、洗浴间等卫生设施。

5)设备、工具、用具等设施应符合保护作业人员生理、心理健康的要求。

(3)施工单位必须为作业人员提供符合标准的防护用品。

(4)作业人员肌体处于疲劳、贫血、饥饿和营养不良状态时,应暂时停止接触存在职业危害的作业。

(5)对可能发生急性职业损伤的有毒、有害作业场所,施工单位应设置报警装置,配置现场急救用品、冲洗设备、应急撤离通道和必要的排除险情区域。

(6)施工单位对职业危害防护设备、应急救援设施和职业危害防护用品,应进行经常性的维护、检测、修理,确保其使用状态安全可靠,不得擅自停用或拆除。

(7)施工单位不应将产生职业危害的作业转移给不具备职业危害防护条件的单位和个人,后者也不应接收产生执业危害的作业。

(8)施工单位应定期组织执业健康检查,并不应安排有执业禁忌症的人员从事禁忌的作业。

(9)生产性粉尘作业场所应限制、抑制扬尘和粉尘的产生与扩散。

(10)生产性粉尘作业场所应采用通风除尘设备,改善空气环境,降低粉尘浓度。

(11)施工单位必须定期检测作业场所的粉尘浓度,采取措施,减少作业人员吸入粉尘的机会。

(12)防生产性粉尘综合管理应符合下列规定:

1)采用风钻挖掘地面或清扫施工现场时,应先喷雾或洒水。

2)拆除建(构)筑物时,应洒水、隔离,并在规定期限内清除所有废弃物。运送散装物料、建筑垃圾和渣土时,应采用密闭覆盖措施,严禁高空抛掷、扬撒。

3)清理车辆、设备和物料的尘埃时,不得使用空气压缩机,作业场所内应设置车辆清洗设施以及配套的排水、泥浆沉淀设施,运输车辆应在除泥、冲洗干净后,方可驶出施工现场。

(13)运输、储存毒物时,必须采取密闭的工艺设备、装置,防止跑、冒、滴、漏。毒物危害比较严重的场所,必须根据国家现行有关标准规定,设置有毒气体浓度报警仪或有毒气体检测仪。

(14)使用有毒物品时,应设置黄色区域警戒线、警示标志和警示说明(包括危害种类、后果、预防及应急救援措施)。高毒作业场所应设置红色区域警戒线、警示标志和警示说明,并设置通信报警设备。

(15)生产性毒物场所应采用自然通风或机械通风装置,降低毒物浓度。

(16)生产性毒物场所作业人员必须正确佩戴和使用防护服装、防毒面罩、呼吸器等防护用品,并不应超时作业。

(17)生产性毒物场所作业人员严禁在作业场所饮食、吸烟,同时应保持个人卫生,班后应淋浴,工作服与便服应隔开存放,并定期清洗。

(18)噪声作业场所应采取设置消声器、隔声罩、隔振垫等吸声、隔声、隔振、阻尼措施,消除或减少噪声传播。

(19)施工单位应加强对高噪声设备的日常保养和维护,减少噪声污染。

(20)必须定期检查督促噪声场所作业人员正确佩戴和使用耳塞、耳罩、防声帽等听力防护用品,并不应超时、超强作业。

(21)噪声作业场所操作人员接触噪声时间及相应的噪声限值应符合国家现行有关标准的规定。

(22)紫外线辐射场所作业应符合下列规定:

1)必须采取屏蔽或增大距辐射源距离的措施。

2)电焊作业人员必须按规定正确佩戴和使用防护面罩、护目镜、口罩、绝缘鞋和防护服等,不应卷袖或穿短袖衣服。非作业人员不应在电焊作业场所逗留观望。

(23)放射线场所作业应符合下列规定:

1)必须对放射源进行屏蔽防护。放射工作人员、公众个人接触放射线的时间、距离、剂量限值必须控制在现行国家标准《电离辐射防护与辐射安全基本标准》(GB 18871—2002)规定的范围内。

2)应采取封闭隔离措施,防止放射源扩散,并清除污染,保持卫生整洁。

(24)高温环境作业应调整作业时间,加强作业场所通风、淋水、降温,露天作业应设置休息凉棚。

(25)含瓦斯地段开工前必须对施工作业及管理人员进行安全技术培训。爆破、供电、瓦斯检测等特种作业人员必须持证上岗。

(26)含瓦斯地段应建立专门机构进行通风、防突、防爆及瓦斯检测工作,设置消防设施,配备瓦斯检测报警仪器。

(27)含瓦斯地段使用的机电设备应采用防爆型,必须经外观、防爆性能、操作性能检查合格后方可投入使用。

(28)瓦斯作业区内严禁携带明火进入,并不得存放各种油类。

怎样才能保障季节性施工安全?

(1)施工单位应根据施工所在地,季节性变化规律,水文地质情况,结合建设项目施工特点,编制季节性施工方案和突发事件应急预案。

(2)施工单位在汛期、台风季节应成立防洪抢险组织机构,建立值班制度,及时掌握气象情况,采取施工防范措施。

(3)施工单位应按照季节性施工方案的要求,配备充足的物资、设备、器材及劳动防护用品等。

(4)施工单位对所有从事季节性施工人员应进行季节性施工安全教育与培训。

(5)雨季施工前,施工单位应做好防洪排涝准备,组织防洪物资、设备、防护用品进场。

(6)雨季施工前,施工单位应对施工场地、在建工程、材料堆放场、设备存放场、运输便道等的防洪设施进行检查、加固,疏通排水沟渠。对有可能被洪水淹没的临时房屋、设备、物资应采取搬迁措施。

(7)雨季施工时,作业场所的脚手架、跳板、桥梁、墩台等作业面应采取防滑措施;场内机动车辆行驶时应减速防滑,靠近基坑边缘卸料时应设置止挡。

(8)强风、大雨前后,施工单位应对临时房屋等工程设施进行检查,发现滑坡、塌方、倾斜、变形、漏雨等危险情况时,必须及时组织抢修、防护和加固。

(9)暴雨前后,施工单位必须对钢塔架、大型设备、高大脚手架、支(拱)架等的避雷装置与机电设备进行检查、测试和整修,应使其不受潮、不漏电、接地电阻值符合国家现行《施工现场临时用电安全技术规范》(JGJ 46—2005)的规定。

(10)雷雨天气,严禁从事露天钢结构、钢脚手架、钢支(拱)架、钢模板等的安装、拆除及焊接作业。

(11)雷雨天气,作业人员不应在大树、施工机械下停留,不应靠近电线杆、铁塔、架空线路以及避雷装置接地导线。

(12)冬期施工期间,、应做好在建工程的防寒工作。

(13)冬期施工前,应对使用的设备、机具、防护设施进行检修、保养与防寒,更换设备防冻剂和冬期用油,消除事故隐患。入冬前必须将停用设备内的存水放净。

(14)冬期施工的一切取暖设施应符合防火和防煤气中毒要求;对采取蓄热法浇筑混凝土的现场应有防火措施。

(15)冬期施工应采取防滑、防冻措施。霜雪过后,应及时清扫施工现场道路及作业面上的积雪、浮冰;在高处进行焊接、安装、绑扎施工时,应采取可靠的防滑措施。

(16)冬期施工使用的储气罐、氧气瓶、乙炔瓶、连接胶管发生冻结时,严禁使用明火烘烤或用金属器具敲击气阀。

(17)在江河冰面上通行时,事先应调查冰层厚度及承载能力;冰面承载力不够地段严禁通行。

(18)台风来临前,应加强预报预警,及时记录掌握气象变化情况,确保防护稳妥、管理有序。

(19)台风来临前,施工使用的机具、材料、设备等应转移至安全场所;水上作业的船舶、浮吊等应回港避风、锚定。

(20)台风到来期间,应停止一切户外施工和室内大型集体活动,切断室外电源。台风过境地区,施工人员必须转移到安全地带,并避开易引发洪水、山体滑坡、泥石流等灾害处所和台风经过的危险区域。

(21)台风前后,应对驻地房屋、工地、料库(场)、在建的高大建筑物、危险设备、搅拌站、脚手架、临时设施、电杆塔架、排水设施等进行检查、加固、疏通或迁移。

(22)台风期间,严禁在河、湖、海的路堤或桥上行走,不得在强风影响区域开车运行。

怎样才能保障高原地区施工安全?

(1)高原地区施工期间建设各方应设立医疗机构,执行国家卫生防疫、劳动卫生和医疗保障的有关规定，制定切实可行的医疗卫生保障制度，确保高原地区工作人员的劳动能力和身体健康。

(2)施工单位应编制高原地区专项施工方案，并制定相应的应急预案。

(3)施工单位应及时掌握气象情况，科学合理安排施工。

(4)生活区、料库(场)、设备存放场等，应选择在地质条件较好的低含冰量冻土分布地段及基岩出露、避风的平缓阳坡处所，且应避开热融可能滑坍的冰锥、冻胀丘、高含冰量的冻土和湖塘等不良地段。

(5)临时工程不应修建在草场、牧场、野生动物栖息地，以及迁徙通道附近、自然保护区核心地区和植被覆盖良好的处所。

(6)平整场地应坚持宁填勿挖的原则，不应随意铲除植被、碾压便道以外的冻土和草地，严禁施工机械驶入非便道的富冰、饱冰冻土地段。

(7)修建临时工程时不得切断、阻拦地表水和地下水径流的排放；临时工程附近不应形成新的积水洼地。

(8)临时房屋应架设在架空通风基础或碎石垫层加通风管基础上。

(9)临时房屋应有防风、保暖、防雷击的功能。

(10)对参加高原地区施工的所有人员应进行体检，严禁安排不适应高原环境的人员进场。进入高原前应将身体调整到最佳状态，避免感冒发烧。

(11)患有明显的心、肺、脑、肝、肾等疾病者和严重贫血、高血压和视网膜疾病者以及孕妇等，不宜进入高海拔地区。

(12)初入高原，应遵循海拔由低到高逐步适应的原则，进行一周以上时间的适应性锻炼、观察、调理、治疗，并应多饮水、静养、缓动、慢行，避免吸烟饮酒，严禁暴饮暴食、剧烈运动。

(13)施工单位应完善作业层、项目经理部、地方合作医院等三级医疗卫生机构，配备必要的医疗器械和药品，对工作人员进行工作前、工作中与工作后身体健康检查，及早发现病情，及早治疗。

(14)医疗机构应建立健全工作人员的健康档案，定期检查，保障工作人员的健康，做好高原病防治工作。

(15)高原地区施工必须建立运用供氧系统,施工现场应建立氧疗室,宿舍应设置富氧仓,作业人员应随身携带供氧器,定时吸氧。

(16)高原地区施工应合理安排作业时间,在海拔 4000 m 以上时,野外作业不宜超过 6 h/d,隧道内作业不宜超过 4 h/d,劳动强度宜在中等以下。

怎样才能保障临时工程和过渡工程的施工安全?

(1)工程开工前应对地形、地物、地貌、工程地质、水文地质、气象、水电供应、交通运输、施工环境及地下隐蔽物等做好调查,对施工现场和临时、过渡工程进行合理规划和布置。

(2)地处洪水、雷电、强风、滑坡、泥石流等自然地质灾害影响区域内的临时工程的选址应进行勘察和安全评估。

(3)生产、生活污水应按规定排放,不符合排放标准的应进行处理。生活垃圾应弃置在垃圾池或垃圾箱内,并定期清运、填埋。

(4)位于城市居住区及居民集中区的临时工程和过渡工程场地、道路等应采取抑尘措施。

(5)生产区、辅助生产区、办公生活区应合理划分区域,并采取隔离措施。

(6)施工现场应在醒目位置设置工程概况牌、管理人员名单及监督电话牌、消防保卫牌、安全生产牌、文明施工牌和施工现场平面布置图等“五牌一图”,并按有关规定设置安全警示标志。

(7)施工现场布置应满足消防要求。易燃和可燃材料存放场所应依据消防要求配备消防器材。消防器材应有专人管理,定期检验。

(8)临时油库设置应符合国家有关消防规定。库区应封闭管理,配足消防设备并设专人看守。严禁在库区存放其他易燃易爆品。

(9)爆破器材库必须符合防爆、防雷、防潮、防火、防鼠和防盗等要求,并应有良好的通风和防爆照明设备。库房距厂矿、村镇、人口稠密处、交通要道及其他建筑物的安全距离,必须符合现行国家标准《爆破安全规程》(GB 6722—2003)的有关规定。

(10)对环境有污染的材料和机具设备应设置在远离人员居住的空旷地点,并采取相应的防污染措施。

(11)临时建筑设置应符合下列规定:

1)避开可能发生洪水、泥石流、滑坡、坍方、落石的地段。

2)在取、弃土场影响范围外。

3)与高压线路、通信线路和高大树木保持一定的安全距离。

4)距离露天爆破区 1700 m 以外。

5)临时建筑之间的距离符合相关规定。

(12)变配电所、空气压缩机房、发电机房、锅炉房、油库、爆破器材库等危险性较大场所,应封闭管理并设置安全警示标志,非工作人员未经批准不得入内。

(13)临时建筑应满足结构安全、消防、环保、卫生等有关要求。

(14)临时建筑使用前,应按规定进行检查验收,验收不合格者严禁投入使用。

(15)临时道路、铁路便线应根据使用功能、环境条件设计,并按规定进行审批。利用既有道路时应根据运输荷载等条件进行检算。

(16)临时道路、铁路便线应按设计进行施工,满足变形和稳定性要求。

(17)临时道路、铁路便线应按规定设置安全警示标志,并由专人养护维修,保持畅通。

(18)临时道路与既有铁路必需平面交叉时,应按规定办理审批手续、设置铁路道口、进行防护。有高度限制要求时,应设置限高架。

(19)临时道路靠近既有铁路时,应在靠近铁路一侧设置防护设施,并在道路设置出入口栏门。出入口栏门应有专人看守,车辆及大型施工机械进入应实行监护、许可制度,未经许可严禁进入;不施工时应封闭。

(20)临时道路靠近高路堑、深基坑时应设置防护设施及安全警示标志。

(21)行人、车辆频繁通过的临时道路交叉路口应悬挂安全警示标志。

(22)铁路便线应符合下列规定：

1)便线线间距不得小于 4.0 m。钢轨外侧 1.5 m 内不得堆放超过轨面的物件。当有货物站台时，应符合铁道部有关规定。

2)临时道口应设警告牌(灯)和防护桩；车辆、人员通行繁忙的道口，应派专人看守，并设栏杆。

3)严禁超速行车。

4)运输大型物件时，必须派人随车监护，发现问题及时检查处理。

5)由营业线引出的便线应设置安全线。

6)汛期应加强巡道。

(23)临时栈桥、码头应根据运输荷载和水文条件进行设计。栈桥的梁底高程不应小于设计的施工水位，并应有抗洪水、流冰及其他漂浮物的能力。码头位置应选在水域开阔、地质较好、水流平稳、水深无淤积的地段。

(24)临时栈桥、码头应按设计施工，并配备和设置相应的安全防护设施。

(25)临时栈桥、码头应按规定设置安全警示标志，并进行养护维修。

(26)通过临时栈桥的电线、电缆应绝缘良好，并固定牢靠。

(27)过渡工程必须按照批准的施工组织设计、施工方案和施工计划进行施工，保证行车安全，减少对铁路运输的影响。

(28)建设单位应将过渡工程按正式工程组织建设，并组织行车组织、设备管理、设计、监理等部门和单位，对施工单位编制的施工过渡方案进行审查，批准后组织实施。

(29)勘察设计单位对过渡工程应按照正式工程进行勘察设计，提出指导性施工过渡方案和保证安全运营的具体措施，减少线路换边拨接次数，合理选择便线的曲线半径以及其他技术标准。

(30)设计审查部门对过渡工程应按照正式工程进行审查。

(31)监理单位对过渡工程应按正式工程实施监理，督促施工单位严格按照批准的施工过渡方案进行施工，并参与过渡工程竣工验收。

(32)施工单位对过渡工程应按正式工程组织施工。对既有设备布置进行现场核对，根据设计文件和审查后的指导性施工过渡方案编制施工过渡方案，并严格按照设计文件和批准的施工过渡方案进行施工。

(33)行车组织部门和设备管理单位应参加指导性施工过渡方案和施工过渡方案的审查工作，做好现场配合，全过程对换边拨接地段施工进行指导监督。

(34)工程质量安全监督机构要加强对过渡工程的监督，检查施工过渡方案，对实施过程和竣工验收工作实施监督。

(35)营业线站场改造工程中，所接入或移动的道岔必须按信号过渡工程设计、施工，并将道岔表示纳入车站联锁后，方可开放相应的进出站信号，减少对铁路运输的影响，确保行车安全。

(36)站场停电施工中，转辙机及道岔安装装置未安装前，由工务(或线路施工单位)负责拨道、钉固，车务负责钩锁，安装后由车务负责摇动道岔。

(37)增设临时引导电话时应由施工单位安装，保证行车安全。

(38)过渡工程的竣工验收应按照正式工程组织。过渡工程应提前进行验收(拢口拨接地段除外)，对不能预先组织机车轧道的过渡工程，应由施工领导小组成员单位联合检查，确认达到《工程施工质量验收标准》要求，验收合格后方可开通。

(39)未经验收或验收不合格的，不得交付运营单位。

(40)过渡工程的开通速度和运行速度由施工单位依据设计和施工资料提出申请，经运营单位审查后确定。

(41)验收合格的过渡工程，由运营单位(维管单位)维护，开通后 24h 内，施工单位协助运营单位进行维护。

(42)施工单位对过渡工程的施工质量负责，运营单位对过渡工程的设备维护质量负责。

怎样才能保障房屋建筑及其他工程施工安全？

(1)车站、维修基地、运输调度的房屋建筑和无站台柱雨棚、客运服务系统等工程施工除应符合国家现行有关标准的规定外，尚应符合相关的规定。

(2)施工中应考虑下列主要危险源、危害因素：

1)施工现场开挖深度超过 5 m(含 5 m)或地下室 3 层及以上，或地质条件和周围环境及地下管线极其复杂的基坑，发生的坍塌、高处坠落及物体打击。

2)水平混凝土构件模板支撑系统高度超 8 m，或跨度超 18 m，施工总荷载大于 10 kN/m^2，或集中线荷载大于 15 kN/m 的高大模板工程以及各类工具式模板工程，发生的模板失稳倒塌。

3)高处作业、垂直运输等因脚手架、机械设备、防护设施、防护用品缺陷，发生的高处坠落，机械事故。

4)营业线施工及有可能影响营业线运行安全的施工。

(3)对危险性较大的深基坑工程、模板工程及支撑体系、起重吊装及安装拆卸工程、脚手架工程、拆除及爆破工程等应编制专项施工方案。专项施工方案编制、审批应符合相关规定。

(4)房屋建筑、无站台柱雨棚和客运服务系统等施工现场应实行封闭管理。营业线施工区域应完全隔离，进出站通道必须搭设防护棚。

(5)脚手架应基础坚实、连接牢靠，具有足够的强度、刚度及稳定性。严禁侵入铁路建筑限界。与电力线路保持安全距离，必要时采取相应的隔离措施。

(6)铁路封闭区域内不应存放施工用材料、机具，确需临时存放时，严禁侵入铁路建筑限界。

(7)基坑施工应符合下列规定：

1)基坑开挖前应熟悉有关设计文件、工程地质报告，收集并核实地下管线、构筑物等的有关资料和埋设位置，施工中采取相应防护措施。

2)基坑开挖过程中应对支护结构的位移和应力、邻近建筑物的沉降与位移、地下水位变化、基底隆起等进行系统监测，及时分析并采取可靠措施。

3)基坑作业区必须设置护栏及安全警示标志。

(8)满堂支架应符合下列规定：

1)满堂支架搭设完成后必须履行验收程序，使用前应按规定进行预压,严禁超载使用。

2)满堂支架使用过程中,应设专人对支架和基础进行观测,发现异常时,应立即采取措施。

3)满堂支架在承重期间,不得随意拆除任何受力杆件。支架拆除应遵循先支后拆、后支先拆的顺序,严禁强拉硬拽。

(9)楼梯口、电梯井口、预留洞口、通道口与尚未安装栏杆的阳台周边、无外架防护的层面周边、框架工程楼层周边、上下跑道及斜道的两侧边、卸料平台的侧边应按规定进行防护。

(10)高空焊接作业点必须有接火和灭火措施,并设专人监护。

(11)吊装作业必须按规定使用吊索具,吊索具应经常检查,发现隐患立即更换。作业区域下方必须设警戒区,指派专人监护。

(12)装饰装修高处作业应符合下列规定:

1)高大空间装饰作业应采用工具式作业平台或满堂脚手架,作业区下方严禁人员停留或穿行。

2)候车大厅、售票厅等大空间屋面施工,作业点下方应设置水平兜网和隔离区。

3)吊顶内作业人员不得直接在龙骨和吊顶板上行走。

(13)无站台柱雨棚施工必须与通电的接触网保持安全距离并进行隔离防护。

(14)无站台柱雨棚施工过程中应定期对结构变形进行监测,发现异常应及时采取相应措施。

(15)客运服务系统的大型显示屏、灯箱等安装应符合下列规定:

1)安装场地应设置安全警戒区,严禁无关人员进入。

2)吊装和就位时应做好防护,避免屏体、箱体损伤。

3)安装完成后应对各个紧固部位进行检查,确认安装牢固。

(16)运输调度、客运服务系统、消防控制、变配电、给排水、通风空调、网络管理等设备用房的温度、湿度、洁净度、通风量应符合环境保护、劳动卫生的相关标准及设备正常运行的相关要求。

第二章 铁路路基工程施工安全

怎样才能保障地基处理作业施工安全？

（1）地基处理工程应结合现场环境、施工方法、机械设备等情况进行危险源辨识和风险评估，制定应急预案并采取相应的安全措施。

（2）地基处理应考虑下列主要危险源、危害因素：

1）机械作业时倾覆；

2）施工影响毗邻的既有建（构）筑物和设备、管线；

3）机械现场组装和操作、机械作业用电及防雷；

4）大风等恶劣气候条件下人员和机械安全；

5）施工噪声、排放泥浆等环境因素。

（3）施工现场应按规定设置防护设施和安全警示标志，并由专人管理。

（4）机械设备的管理与防护除应符合《铁路工程基本作业施工安全技术规程》（TB 10301－2009）第8章的规定外，尚应符合下列规定：

1）机械进场前，应调查行驶道路和作业现场的情况，了解影响范围内既有建（构）筑物和设备的分布，探明地下和空中的管线并制定相应的安全措施。

2）作业场地及行走范围应保持平整并满足相应的承载力等要求。

3）机械系统的能力应与施工要求相匹配，现场装配应由专业人员负责。作业时应严格按照操作规程操作。

4）大型机械作业或多机配合作业时，应设专人统一协调指挥。

5）作业人员登高检查或维修时应系安全带并防止坠物伤人。

6)大雾、暴雨、大风等气候条件下应提前对现场机械采取防护措施。情况特别恶劣时应停止作业。

(5)施工用电和高耸设备防雷应符合《铁路工程基本作业施工安全技术规程》(TB 10301—2009)第4章的规定。

(6)施工前应做好临时防、排水系统。

(7)使用有腐蚀性、有害的材料或掺和剂时,作业人员应按规定佩戴防护用品。

(8)施工时产生的噪声应符合现行《建筑施工场界噪声标准》(GB 12523—1990)的有关规定,对有可能造成其他环境污染的施工应进行相应的处理。

(9)地基处理时,应对影响范围内的既有建(构)筑物和设备进行监测,发现异常及时采取措施。

怎样才能保障路堤作业施工安全?

(1)路堤施工应考虑下列主要危险源、危害因素:

1)复杂环境条件下的软弱路基、陡坡路基和危及既有建(构)筑物及交通的路堤填筑工程。

2)影响施工的水。

3)人机混合作业。

4)深取土场(坑)。

(2)复杂环境条件下的软弱路基、陡坡路基和危及既有建(构)筑物及交通的路堤填筑等工程应编制专项施工方案。

(3)混凝土、改良土、级配碎石、沥青等路基用料生产时应符合下列规定:

1)拌和站设置应符合《铁路工程基本作业施工安全技术规程》(TB 10301—2009)第17章的相关规定。

2)搅拌筒启动前应盖好仓盖。机械运转中,严禁将手伸入料斗或搅拌筒内探摸。严禁从提升斗下通过。

3)沥青拌和时,严禁在溢流管周围逗留或从溢管下通过。

4)设备维修时,必须关掉电源开关,挂维修警示牌。

5)接触石灰以及有腐蚀性添加剂的人员应按规定穿戴防护用品。

(4)路堤施工应先做好临时防、排水系统;基底、坡脚及影响路基稳定的范围内不得积水浸泡。傍山修筑路堤时,应防止地表、地下水渗入路堤结构各部位。

(5)填筑地面横坡陡于1∶2.5和池塘、软土等复杂路堤,必须进行沉降和位移观测,控制填筑速率,发现异常,应立即停工处理。

(6)在不稳定的地面斜坡及易于倾塌滑动的斜坡上施工时,人行道离填方坡脚线不得小于5 m,并应设警示标志。

(7)机械设备的管理与防护应符合《铁路路基工程施工安全技术规程》(TB 10302－2009)有关内容的规定。多机在同一作业面作业时,应设专人指挥,明确指挥信号,相互间保持安全距离。

(8)配合机械作业的清底、摊铺、平整、修坡等人员,应在机械回转半径以外工作。

(9)运输车辆装、运、卸、作业应符合《铁路路基工程施工安全技术规程》(TB 10302－2009)相关的规定。

(10)采用机械填筑时,在填筑作业区边缘应设置明显的安全标志。

(11)车辆严禁在走行中卸土,卸土下方不得有作业人员。

(12)推土机作业应符合下列规定:

1)上下坡道的坡度不得超过机械自身允许坡度。

2)多机相邻作业时,前后距离应大于8.0 m,左右距离应大于2 m。

3)在高边坡、陡坡、高坎上作业时,必须设专人指挥、防护。

(13)平地机作业应符合下列规定:

1)作业时应与路堤边缘保持一定的安全距离。

2)作业时,应将刮刀下降到接近地面,起步后再下降铲刀铲土。

3)刮土、平整等各类铲刮作业应低速行驶。

(14)碾压作业应符合下列规定:

1)压路机必须在前后、左右无障碍物和人员时方可启动。

2)两台以上压路机同场作业时,前后间距不得小于3 m。

3)压路机距边缘距离及其停放应符合《铁路工程基本作业施工

安全技术规程》(TB 10301 — 2009)第 8.3.7 条的相关规定。

(15)振动冲击夯作业时应控制夯机前进速度,防止倾覆伤人。

(16)雨季填筑时应严格按设计控制路基填层面和表面路拱横坡坡度,避免路基积水引起下陷。严禁在雨天进行非渗水土的填筑施工。

(17)取土场(坑)的边坡、深度等应符合设计要求,不得危及周边建(构)筑物等既有设施的安全。

(18)取土场底应平顺并设有临时向外的排水设施,防止积水浸泡坡脚,造成边坡坍塌。

(19)取土场(坑)边周围应设置必要的警示标志和安全防护设施。取土应自上而下进行并保证边坡的稳定,严禁掏底取土。

(20)取土后的裸露面应及时整治,取土场边坡不得超出设计坡率,并应采取防护措施,避免产生泥石流等次生灾害。

怎样才能保障路堑作业施工安全?

(1)路堑施工应考虑下列主要危险源、危害因素:

1)高边坡、不良地质、周边环境复杂路堑工程。

2)施工影响范围内的既有建(构)筑物、设备、管线等。

3)毗邻和施工范围内的既有交通设施。

4)影响施工的水。

5)危岩和坡面坡顶危石。

6)爆破器材的运输、储存、使用、销毁等及爆破施工。

7)弃土作业。

(2)高边坡、不良地质段、周边环境复杂、爆破施工等路堑工程应编制专项施工方案。

(3)机械设备的管理与防护应符合《铁路路基工程施工安全技术规程》(TB 10302－2009)第 3.1.4 条的相关规定。

(4)路堑工程施工期间,应由专人对施工影响范围内的情况进行监测、巡查,发现异常应立即停工,撤离机具和人员,并及时采取安全措施。

（5）路堑开挖前，应先做好引、截、排水和防渗设施。施工中如遇地下水涌出，应先排水，后开挖；每级边坡开挖后应及时施作坡面防护和排水设施。

（6）开挖高陡边坡、崩塌、落石和岩堆地段路堑，应先清理危石，修建拦截设施，并设警示标志和专人防护。

（7）高处作业应符合《铁路工程基本作业施工安全技术规程》（TB 10301 — 2009）第 12 章的有关规定。清理危石、刷坡应自上而下进行，严禁上下重叠作业。

怎样才能保障过渡段作业施工安全？

（1）过渡段施工前，应根据现场情况采取相应的防排水措施。过渡段坡脚两侧、路堤底部的纵横向防排水设施应符合设计要求。

（2）应优先安排软土地基地段过渡段路堤的填筑。

（3）过渡段施工应按设计要求进行沉降观测。

（4）路堤与桥台过渡段施工应符合下列规定：

1）路堤应与桥台锥体和相邻路堤同步填筑。

2）台后 2 m 范围外，大型机械能碾压到的部位，其填筑应符合有关内容的规定。

3）台后 2 m 范围内以及大型机械碾压不到的部位，应用小型压实机械碾压。

4）过渡段桥台背后回填料表面应按设计要求采取措施防止地表水渗入。

（5）路堤与横向结构物过渡段施工应符合下列规定：

1）横向结构物两端的过渡段应对称填筑，并与相邻路堤同步施工。

2）涵洞顶部两端大型机械能碾压到的部位，其填筑施工应符合有关内容的规定。靠近横向结构物的部位，应平行横向结构物进行横向碾压。大型机械碾压时，不得影响结构物的稳定。

3）横向结构物的顶部填土厚度小于 1 m 时，不得采用大型振动压路机进行碾压，以免影响结构物的稳定和结构安全。

(6)路堤与路堑过渡段施工应符合下列规定：

1)施工前，应平整地基表面，碾压密实，并应挖除堤堑交界坡面的表层松土，按设计要求做成台阶状。

2)过渡段的填筑施工应与相邻路堤同步进行。

3)大型机械能碾压到的部位，其施工应符合有关内容的规定。靠近堤堑结合处，应沿堑坡边缘进行横行碾压。

4)大型机械碾压不到的部位，应采用小型压实机械分层碾压。

怎样才能保障特殊路基作业施工安全？

(1)特殊路基施工应考虑下列主要危险源、危害因素：

1)施工影响范围内的既有建(构)筑物、设备、管线等。

2)毗邻和施工范围内的既有交通设施。

3)影响施工的水。

4)岩溶及坑洞。

5)风沙地区、高原及冻土地区施工。

6)滑坡、崩塌、岩堆地段、泥沼地段、泥石流地区施工。

7)弃土。

8)特殊场所作业、季节性施工。

(2)滑坡、崩塌、岩堆地段，风沙、高原地区路基施工应编制专项施工方案。

(3)特殊路基施工应重视环境保护、水土保持工作，减少对天然植被和山体的破坏，防止诱发次生灾害。

(4)特殊场所作业和季节性施工应符合《铁路工程基本作业施工安全技术规程》(TB 10301—2009)第14、15章的相关规定。

(5)软土地区的路基应提前安排施工，施工中严格控制填筑速率并按设计要求设置观测点。

(6)膨胀土(岩)地段路基施工应符合下列规定：

1)应集中力量，连续快速施工，分段完成，雨天禁止施工。

2)必须及时做好天沟、侧沟和排水沟的砌筑，并应随挖随砌，严防渗漏。

3)路堑开挖必须自上而下进行，开挖面应随时保持不小于4%的排水坡，严禁积水。

4)设有支护结构的边坡应紧跟开挖砌筑。

5)边坡防护应紧跟开挖工序进行，减少暴露时间。坡面有地下水出露时应作引排处理。

6)当岩质较硬需要爆破时，应控制药量，采取措施减少振动。

7)路堑高侧山坡不应设置弃土堆。弃土堆距边坡顶的距离不应小于10 m。

(7)黄土路基施工应符合下列规定：

1)应避开雨天集中力量快速施工，施工前应先做好地面排水设施。边坡坡脚不得受水浸泡、冲刷。

2)黄土陷穴、坑洞处理时，应检查坑洞内情况，并对存在的有害气体通风排除。对流向陷穴附近的地面水应采取拦、截、引、排等措施。

3)黄土路堤施工应采用重型压路机及时碾压并符合相关内容的规定。

4)路堑施工必须自上而下进行，应按边坡平台的高度分级开挖、分级排水、防护，并保持坡面平顺，不得放缓设计坡度。

5)弃土堆应远离边坡边缘，避免影响边坡稳定，路堑边坡上方不得弃土。

(8)冻土地区施工应符合下列规定：

1)及时做好排水设施。施工便道距路堤坡脚或堑顶不应少于20 m。

2)各种车辆和机械不得沿路堤坡脚与排水沟之间行驶。

3)富冰、饱冰冻土或含土冰层地段路堤施工，必须保持路基与周围冻土处于冻结状态。

4)冻土路堑开挖时，应防止阳面冻土因受热融化而坍塌。

5)高原地区施工尚应符合《铁路工程基本作业施工安全技术规程》(TB 10301 — 2009)第16章的相关规定。

(9)盐渍土路基施工应符合下列规定：

1)盐渍土路堤严禁雨季取土填筑。

2)路基的坡面防护应配合开挖和填筑及时进行，防止表层土松涨、溶失、风蚀。

怎样才能保障支挡防护及放排水工程施工安全?

(1)路基支挡防护及防排水工程施工应考虑下列主要危险源、危害因素:

1)锚杆(索)、桩板墙、抗滑桩工程。

2)施工影响范围内的既有建(构)筑物、设备、管线等。

3)毗邻和施工范围内的既有交通设施;影响施工的水。

4)危岩和危石。

5)较深基础开挖。

(2)锚杆(索)、抗滑桩、桩板墙及不良地质段支挡防护工程施工应编制专项施工方案。

(3)施工现场应按规定设围挡和警示标志等防护设施。机械设备的管理与防护应符合有关内容的规定。

(4)施工前对影响施工安全的危岩、危石应予清除或采取必要的防护措施。

(5)脚手架应经施工设计后搭设,其平台应用锚杆固定在岩壁上,并应符合《铁路工程基本作业施工安全技术规程》(TB 10301—2009)第12.5节的相关规定,验收后方可使用。

(6)支挡防护施工时应由专人进行监测,发现异常,立即停工,撤离人员,采取安全措施后方可复工。

(7)支挡结构施工前,应做好截、排水及防渗设施。支撑渗沟开挖深度超过1.5 m时,应加设支撑。

(8)砌筑挡土墙时,严禁上下重叠作业。

(9)施工用电、吊装作业、材料堆放、混凝土与砌体(模板)作业应符合《铁路工程基本作业施工安全技术规程》(TB 10301 — 2009)的相关规定。

(10)高处作业应符合《铁路工程基本作业施工安全技术规程》(TB 10301 — 2009)第12章的相关规定。

(11)路基防排水工程是铁路工程的重要组成部分,对铁路的运营安全有重大影响，建设各方必须高度重视。

(12)施工前应对施工图进行审核，编制防排水工程专项作业指导书，明确施工技术标准和施工操作程序。

(13)防排水工程的基础应稳定，沟渠边坡必须平整，所用的砂浆、混凝土应采用机械拌和。

(14)排水沟采用混凝土预制构件砌筑时，砌缝砂浆应饱满，沟身不漏水，沟身两侧应回填密实。

(15)渗沟的开挖应自下游向上游进行，应随挖随支撑并迅速回填，防止造成坍塌；支撑渗沟应间隔开挖。

(16)边坡平台截水沟必须引入相邻排水设施，天沟不应向路堑侧沟排水。湿陷性黄土、砂性土以及填土等可能发生不均匀沉降地段的天沟、排水沟应采取防渗和保证基底稳定的措施。

(17)防排水设施应沟底平整、排水通畅，无冲刷和阻水现象。

(18)施工期间应做好防排水工程的成品保护。雨季应加大防排水工程的检查频次，发现隐患及时整改。

怎样才能保障营业线路基施工安全？

(1)营业线路基施工必须严格执行现行《铁路运输安全保护条例》、《铁路技术管理规程》、《铁路营业线施工安全管理办法》、《铁路工务安全规则》、《铁路路基大维修规则》、《改建既有线和增建第二线铁路工程施工技术暂行规定》等的有关规定。

(2)营业线路基施工应考虑下列主要危险源、危害因素：

1)地下、地上管线及行车设备；材料堆码。

2)临时工程及道口。

3)机械作业；爆破作业。

4)慢行施工、封锁施工。

(3)营业线路基施工必须根据铁路机车车辆限界和建筑接近限界，制定施工临时行车限界。

(4)营业线路基施工应编制专项施工方案，并经建设、监理、设备单位共同审批后方可施工。施工单位应与设备管理单位和行车组织单位分别签订施工安全协议，明确双方的安全责任和义务。

（5）施工前，施工单位应与设备管理单位共同探明施工影响范围内的道路、既有建（构）筑物和设备、地下和空中管线等情况，并采取防护措施。设备迁改或施工影响设备安全时，必须在设备管理单位的监护下作业。

（6）施工期间，施工单位及设备管理单位应在营业线影响范围内设观测点，对路基变形、防护加固设备及线路几何尺寸进行监测直至稳定。发现问题，双方共同及时采取措施。

（7）临时工程和过渡工程施工、施工用电应符合《铁路工程基本作业安全施工技术规程》（TB 10301 — 2009）第4、17章的相关规定。

（8）临时道口设置应符合下列规定：

1）必须按铁道部现行《设置或拓宽铁路道口人行过道审批办法》办理相关审批及验收手续，严禁擅自设置。

2）电气化区段应设限高架。

3）必须由经培训和考核合格的正式职工负责看守。

4）使用完毕必须及时拆除。

（9）施工中的临时设施、材料、机具等严禁侵入临时行车限界。材料应堆码整齐，稳固牢靠，并派人看守。

（10）营业线20 m范围内严禁存放油料及其他易燃易爆品。

（11）封锁线路及慢行施工时，施工单位应按规定申报施工计划，未经审批严禁施工。

（12）营业线路基施工应按规定设置施工安全防护，经验收后方可施工。

（13）影响营业线行车的路基爆破作业必须在线路封锁时间内进行，应采用控制爆破技术，并设防护网、排架或棚架等防护。

（14）爆破后必须立即清理限界内的土、石，抢修线路。经施工、设备管理及监理单位三方联合确认达到列车放行条件后方可开通。

（15）营业线路基施工中破坏原有排水系统时应先建后断，所有的排水系统必须保持排水畅通，防止渗漏。

（16）高处作业应符合《铁路工程基本作业施工安全技术规程》（TB 10301 — 2009）第12章的相关规定，并满足营业线安全防护。

(17)机械设备管理的使用及防护除符合《铁路工程基本作业施工安全技术规程》(TB 10301—2009)第 8 章的相关规定外，尚应符合下列规定：

1)大型机械实行“一机一人”防护。

2)营业线限界两侧 15 m 范围内，应在铁路限界外设置刚性防护隔离设施。

3)在营业线限界 10 m 范围内施工时，严禁机械原地掉头。邻线来车时，施工机械必须停止作业。

4)必须做好接触网支柱、信号机等行车设备的防护。

5)机械停止作业后应及时撤离现场，严禁在营业线附近停放。

(18)施工防护标志、警示灯等不得影响铁路行车信号。

(19)夜间施工应有足够的照明及防护设施，照明灯光不应影响行车瞭望。机械车辆在夜间作业时，应防止灯光干扰行车信号。

(20)雨、雪、大风天气施工时，应采取防止大型机械滑溜、侧翻至行车限界内的安全措施。

(21)营业线路基施工完毕，必须及时验收交接，未经验收合格的工程，严禁开通使用。

第三章 铁路轨道工程施工安全

怎样才能保障轨道材料存放、装卸和搬运的安全？

（1）轨道材料的存放、装卸和搬运作业应考虑下列主要危险源、危害因素：

1）轨料存放场地不平实，承载力不够。

2）轨料存放重心偏移或倾斜、层数超限、支点间距不合理、侵入限界。

3）钢轨卸车撬棍作业方法不当、滑轨安放不稳、下方站人。

4）轨料吊装时轨料捆扎不牢、挂钩不稳、重心偏斜、下方站人。

5）吊装钢丝绳搭接不符合要求、损伤超标，吊具、构架磨损、脱焊、锈蚀严重。

6）群吊底座混凝土基础埋深不够、尺寸不合理。

7）轨料搬运时超限、超载、偏载、捆扎不牢，运输道路不符合规定。

8）客货混装，车未停稳上、下人。

（2）对所储存的物资要分类、分规格、分厂家存放，对可能危害人身健康安全和环境的物资必须单独存放，明显标识。

（3）轨料应按指定的场地堆码稳固，下重上轻、摆放整齐，避免重心偏移或倾斜，严禁侵入限界。

（4）轨料的堆放、装卸和搬运应组织足够的劳力，选用适当的工具，由专人统一指挥进行，夜间装卸料应有照明。

（5）轨料装车不得超限、超载和偏载，并应捆绑牢固。铁路运输时，要严格按照铁路装载加固方案规定装载加固。

（6）运送散装轨料应按要求加固；运送跨装轨料必须按加固方案捆绑和支挡，跨装车辆间的提钩杆应绑牢，车钩钩头应加装防伸缩夹具,防止轨料串动。

(7)料车运行中发现装载不良,必须立即停车整理加固。未经整理加固,严禁继续运行。

(8)轨料卸车时,施工人员在列车未停稳前,不应打开车门及做其他影响安全的准备工作。开车门时,车上人员应离开车门附近,车下人员不应站在车门下面。车辆如需移动,应事先与车上施工人员取得联系,并检查线路上有无障碍物。

(9)不应客货混装,车未停稳前随车装卸人员严禁上下车。在装卸车的过程中,任何人不得钻车、扒车,不得在车下坐、卧和休息。装卸车时,料车应停稳并做好防溜。

(10)除风动卸砟车外,运输及装载设备运行中,严禁装卸轨料。

(11)所卸轨料,应摆放平稳。当工程列车上所装料具需在途中先卸一部分时,卸后车上剩余料具不得偏载。

(12)吊装钢轨、轨枕、轨道板、道岔及道岔轨排等作业应符合下列规定:

1)起重作业应严格按照《建筑机械使用安全技术规程》(JGJ 33—2001)和《建筑安装工人安全技术操作规程》规定的要求执行。

2)吊装作业机械司机必须服从指挥。吊装前仔细检查钢丝绳,并确认绑扎牢固后方可起吊,起吊时下层作业人员必须保持在安全距离以外。

3)吊装作业时,要经常检查钢丝绳、吊钩、夹具、吊架等的安全状况,吊臂下严禁站人。

(13)轨料运输道路应符合下列规定:

1)运输道路应平整、压实,满足轨料运输要求,上道出入口坡度不应太大,运输时避免轨料相互碰伤或滑落。

2)运输车辆上下过渡区域内应做好顺坡。

3)对轨料运输的临时轨道线路应经常检查、维护,确保不发生移位和变形。

怎样才能保障有砟道床施工安全？

(1)有砟道床施工应考虑下列主要危险源、危害因素：

1)道砟临时存放侵入限界。

2)道砟卸车发生偏载。

3)运砟车超速行驶。

4)立交桥上铺砟道砟下落到桥下。

5)风动卸砟车卸砟超速，卸砟车门堵塞，堆砟坡脚及高度不符合要求，提前开车，开底门卸砟时超卸石砟导致自身掉道。

6)大型养路机械区间停留未设置防溜措施，作业轨温超限，桥上、隧道内动力稳定时加载值超限。

(2)道砟装卸应选用适当的工具，并设专人统一指挥。

(3)道砟临时存放不得侵入轨道限界。

(4)道砟卸车过程中应避免偏载，防止车辆脱线。

(5)运砟车辆从便道进入路基的上道口不可转弯过急，进入路基后车辆行驶速度不超过 15 km/h，不得突然加速或急刹车。

(6)运砟车倒车卸砟退出时，必须由专人指挥。

(7)使用摊铺机摊铺道砟时，除应严格按照摊铺机安全操作规程作业外，还应符合下列规定：

1)摊铺机两侧应设专人观测传感仪工作状况，发现大的误差应及时调整，严重时应鸣笛中止工作，及时排除故障。

2)施工过程中出现紧急状况时，司机应按下紧急制动按钮，并及时通知维修人员检查。

3)操作司机离开机械前，必须关闭发动机。

(8)人工铺砟应符合下列规定：

1)运砟汽车及施工机械在防护人员发出来车警告信号时，应立即停止作业，待汽车及施工机械通过后，方能继续施工。

2)在立交桥上铺砟应作好防护，并注意桥下行车情况。

3)桥头备砟时，其厚度应使砟面高出桥头挡砟墙顶不小于 5 cm，并做好顺坡。

4)施工中使用的四齿耙、拉耙子等工具应妥善保管,不使用时应尖部朝下集中放置。

5)道砟整平、压实施工过程中使用的机械设备应统一指挥。

6)人工铺砟应平整,不得出现反超高。

怎样才能保障无砟道床施工安全?

(1)无砟道床施工作业应考虑下列主要危险源、危害因素:

1)基础面凿毛碎片飞溅伤人。

2)钢筋加工、钢筋焊接触电伤害。

3)混凝土输送泵管爆裂。

4)模板倒运时超载、偏载、捆扎不牢,发生滑落或侧翻。

5)工具轨临时存放、倒运及安装过程中砸伤作业人员。

6)工具轨、轨枕吊装作业伤害。

7)轨枕固定架降落过程中用手试探球形凹槽耦合情况。

8)组合式轨道排架吊运前支承块与挂篮连接螺栓松动,吊点间距设置不合理,运行过程中下方有作业人员。

9)物流运输过程中发生行车事故。

10)轨道板吊装作业伤害。

11)轨道板铺放和对位时压伤手脚,调整时未同步起升,发生侧斜。

12)水泥沥青砂浆灌注时泵管对人、泵管爆裂。

(2)无砟道床钢筋加工、绑扎、焊接以及混凝土浇筑作业安全技术应符合《铁路工程基本作业施工安全技术规程》(TB 10301—2009)有关规定。

(3)在使用以电为动力的设备时应遵守安全用电操作规程。

(4)无砟道床施工前应将施工地段的水沟盖板盖牢,并清理人行道。

(5)清扫基层表面时应洒水防尘。用高压水冲洗基底时,应由上坡向下坡方向进行,高压水喷头不得对人。

(6)基础面凿毛人员应佩戴护目镜、手套等安全防护用品,凿毛作业面周围不得站人,避免混凝土碎块飞溅伤人。

(7)工地倒运模板时应进行临时捆绑,不应超载,避免模板运输途中滑落。拆除和安装模板过程中,应避免模板倾倒伤人。

(8)运输车辆严禁人、料混装,车辆行驶速度不应过快。为确保运输车就位良好和安全进出,应派专人指挥。平交道口和狭窄的施工场地,设置"缓行"标志,必要时安排人员指挥交通。

(9)道床板施工区域内各种车辆应限速行驶,并严禁掉头、超车及会车。

(10)夜间或隧道内施工时,应加强照明设施,不得把灯具挂在竖起的钢筋上或其他金属构件上,导线应架空。隧道口配备防护人员,并与洞内人员保持联络,非施工人员,严禁进入隧道。

(11)长大隧道内或夜间施工时,应在物流通道上作出明显通道宽度限界反光标志,防止发生意外。

(12)跨公路或铁路的立交桥应有安全防护措施。

(13)无砟道床施工废弃物应收集处理,尤其是在桥面清理中,防止各类物品坠落。严禁向桥下和伸缩缝内倾倒、堆积废物。

怎样才能保障无缝线路铺设施工安全?

(1)无缝线路铺设作业应考虑下列主要危险源、危害因素:

1)基地焊轨使用以电为动力的设备绝缘性能不好,发生触电。

2)落锤试验机未设防护网、卷扬机钢丝绳磨损、锈蚀严重,落锤试验过程中人员未站在安全地带。

3)高温焊头、推瘤下来的焊渣等灼烫。

4)长钢轨存放支点间距不合理、存放层数过高发生倾倒。

5)长钢轨运输前固定装置未锁死,散装料未加固。

6)长钢轨运输车防溜措施不到位。

7)长钢轨运输车运行速度超限,对位时速度超限,前方未安放铁鞋和止轮器。

8)牵引长钢轨牵引卡未卡牢。

9)氧气瓶、乙炔(或液化石油气)瓶同车运输,使用时安全距离不足。

10)移动焊轨作业车未设置止轮器。

11)铝热焊坩埚破裂,钢水飞溅或泄漏灼烫。

12)无缝线路应力放散锁定撞轨时撞块飞出。

13)高于实际锁定轨温 20℃以上时进行无缝线路轨道整理,发生胀轨跑道。

(2)操作人员应严格执行焊接设备的操作规程,并按型式检验确定的作业参数操作。

(3)垫滚筒时为防止钢轨倾斜或滑落,应在钢轨两侧用两台压机同时打起钢轨,落钢轨时严禁压机突然卸载。

(4)平板车在线路上停放必须打好止轮器,防止溜车。

(5)钢轨焊接各工位应配备足够数量的防火器材,加强防火教育。

(6)施工现场禁火区域内的动火作业,必须执行动火前审批制度。

(7)焊接后的废弃物应集中堆放,统一清理。

(8)使用以电为动力的设备时应遵守安全用电操作规程。

(9)现场工作人员必须服从放散负责人的统一指挥,严格按照规定程序操作,严禁违章蛮干。长钢轨拨移时,要协同动作,手脚不应放于长钢轨之下。

(10)拆扣件时严禁砸卸扣件,防止弹条砸飞伤人,上扣件时每两人之间的距离要间隔 3 根轨枕的距离,且人要站在扳手的一侧,防止相互碰伤。

(11)拉伸器应安装牢固,拉伸过程中应加强对油管的保护,防止油管破裂。

(12)撞轨时应用力均匀,避免撞块飞出伤人。

怎样才能保障有缝线路铺设施工安全?

(1)有缝线路铺设作业应考虑下列主要危险源、危害因素:

1)硫磺锚固高温烫伤。

2)轨节车超重。

3)轨节列车运行超速。

4)轨节换装地点设置不合理。

5)铺轨机对位时已铺轨排端头未安放止轮器。

6)轨节起吊前挂钩不稳,下方站人。

7)铺轨机过高压线安全距离不够,机顶站人。

8)长大坡道的轨节铺设防溜措施不当。

(2)预留轨缝应使用轨缝卡具,不应用手触探。

(3)安装接头夹板螺栓时,不应用手摸探螺栓孔眼。

(4)施工现场禁火区域内的动火作业,必须执行动火前审批制度。

(5)当利用架桥机铺设桥上轨节时,应遵守架桥机的安全操作规程。

(6)轨料应堆码整齐,堆放应牢靠,保证司索人员和操作人员安全操作设备。

(7)轨排钉联线施工人员不应跨越正由绞车拖拉流动工作台的钢丝绳,不应站在两个流动工作台的连接处。

(8)流动工作台移动前,应先发出音响信号,作业人员应撤离到钉联线两侧的工作平上。

(9)吊散枕、翻枕作业应符合下列规定:

1)台车未停稳前不准挂钩起吊,轨枕离地后挂钩人员应立即离开站到安全地点。

2)台车未停稳前,人工翻枕作业人员不准上车,翻枕前要站稳,按次序逐根进行翻转。在任何情况下不准台车边走动边作业。

3)用撬棍拨正轨枕应注意防止挤伤手指。

4)手工粗放轨枕要戴手套,两端要同时用力。

(10)硫磺锚固应符合下列规定:

1)硫磺库及水泥库要通风、防雨、防潮、防火。

2)硫磺锚固作业必须符合国家或地方环保部门的有关规定,并制定相应的防护措施,操作人员应戴齐防毒口罩、眼镜、手套、脚套等防护用品,工后要洗手。

3)硫磺锚固施工工艺及车间布置中的防火规定必须符合铁道部现行《铁路工程设计防火规范》(TB 10063—2007)和国家现行有关消防安全规定。硫磺等易燃和可燃材料的存放场所与作业场地,应保持足够防火间距并留出消防通道，配设消防器材。

4)熬制硫磺砂浆的地点，应设在施工现场的下风方向并远离住所，并用耐火材料搭设雨棚。不应在室内、电线下方熬制。

5)熬制硫磺砂浆应用文火加温，温度控制在140℃～170 ℃左右，不得大于180 ℃，要经常搅拌，以防燃烧，万一燃烧时，应立即用水泥、砂子进行覆盖。

6)严禁在烈火空锅时投料及中途投放硫磺；溶液不得超过锅容量的3/4，严禁有锡制品盛装热硫磺砂浆，装溶液量不得超过容器容量的2/3。人员离开时，必须灭火。

7)锚固浆保温车应有专人看火。

8)在现场锚固混凝土枕时，应由专人操作，并应有防烫措施。

9)吊运硫磺砂浆时，吊运范围内严禁站人。

(11)熬制绝缘防锈涂料，温度不得超过200 ℃，以防燃烧，操作的地点应选在下风处，操作人员应站在风头上方，并必须戴口罩、眼镜、手套和穿工作服。

(12)散扣件应符合下列规定：

1)扣件要按类型堆码，其高度不得超过0.9 m。

2)在台车未停稳前，散布配件时应防止枕头铁丝挂住衣服和扣件坠落。

(13)吊散轨作业应符合下列规定：

1)吊运钢轨走行时，作业人员不应穿越工作台，应站在工段两端安全位置上。

2)吊点要适中，不应在倾斜的情况下吊运。

3)不应坐在工作台和轨枕上休息，更不应站在轨排上随台车前进。

4)随时调整钢轨车上的钢轨，防止偏重。跳板、吊架、钢轨钳要经常检查，不准用龙门起重机拖拉钢轨车对位。

5)工作台行走时，任何人不应从工作台上跨越通过。

(14)安装扣件作业应符合下列规定：

1)站在轨枕上用小撬棍拨入扣件时，脚跟要站牢，上扣件人员要两边分开，使用撬棍要注意防止碰伤邻近作业人员。

2)台车未停稳前，禁止上工作台抢先作业，更不得站在轨枕面上随台车前进。

3)紧扣件工段的工作跳板要搭设牢固,跳板不应有断裂、下凹现象,跳板底距轨面距离不得少于 0.15 m。

怎样才能保障道岔铺设施工安全?

(1)道岔铺设作业应考虑下列主要危险源、危害因素:

1)道岔及其组件吊装挂钩不牢、吊具磨损严重、下方站人,运输过程中捆绑不牢、超限、超载、超速等。

2)道岔组装平台不稳固。

3)轨排纵移小车走行轨道不稳定,纵移时纵移小车掉道,道岔倾覆。

4)道岔滑移时滑行轮走偏。

5)拆卸滑轨时,起道机倾倒导致道岔倒塌。

6)道岔换铺机铺岔,上部小车支腿支垫不稳,提升道岔轨排时速度不同步,导致道岔轨排倾倒。

7)轨道吊或其他起重设备支腿支垫不稳。

8)工电联调时人员挤伤。

(2)道岔铺设应具有和所铺设道岔类型相匹配的施工机具,并对作业人员进行安全技术培训。

(3)道岔施工前应与相关专业施工单位做好沟通和协调,划分施工界面,明确各自的安全技术工作内容和配合事宜。

(4)道岔装卸及运输应符合相关内容的规定。

(5)道岔组装平台应安装在坚实的基础上,安装到位后,各支撑点应支撑牢固。

(6)应使用专用工具,按照说明和铺设图的要求安装弹性夹。

(7)滚轮调整应在道岔尖轨闭合和打开定位正确的条件下进行。

(8)组装道岔应符合下列规定:

1)安装滑床板、垫板时,严禁直接用手调试就位。

2)安装尖轨时,严禁将手、脚放在基本轨和尖轨之间。

3)安装轨撑时,不得用手探摸轨撑与钢轨、滑床板、垫板间的空隙。

4)道岔铺设后,当连接曲线未铺前,在辙叉后面必须加铺一节临时短轨,以免辙叉被机车附件挂上。

(9)铺岔完成,经自检、电务互检合格后,电务应及时安装转辙及锁闭装置。安装转辙装置时,工务、电务部门应配合施工。转换设备未安装前,应用钩锁器固定尖轨、心轨,直向限速 15 km/h 通过。

(10)基础面凿毛人员应佩戴护目镜、手套等安全防护用品,凿毛作业面周围不应站人,避免混凝土碎块飞溅伤人。

(11)原位铺设法施工时,道岔支撑调整系统应支撑牢固并具备精细调整功能,道岔组装平台应在道岔组装完毕并支撑牢固后拆除。

(12)移位铺设法施工时,应采用道岔铺设机械或其他专用机具将道岔分段或整组平移。

(13)移位铺设法轨排纵移就位后,钢轨调整器纵横向固定系统安装牢固、均匀受力后方可拆除轨排纵移小车。

(14)移位铺设法轨排纵移应符合下列规定:

1)轨排纵移小车走行轨顶面标高应保持一致,两侧走行轨之间应用拉杆连接,提高稳定性。每根轨道安装限位固定装置。

2)轨排纵移小车的抬轨梁安装时,应注意控制间距,以符合岔枕间距位置和平稳均衡受力要求。

3)道岔轨排沿走行轨道人工推动小车纵向移动,操作人员动作应协调,用力均匀,听从指挥,运行途中,避免掉道。推送人员手脚不应伸入滚轮及道岔轨排下方。

4)轨排纵移接近指定地点后,应采用制动木楔制动,安装制动木楔时避免压伤。

(15)板式道岔铺设应符合下列规定:

1)道岔板运输时应按照设计层数装载,层间加设垫木,采取有效措施防止道岔板挤碰。

2)运输道岔板的平板汽车四周应加装角钢围挡,道岔板与围挡之间的间隙采用硬杂木填充,以防止道岔板在运输过程中晃动或滑落。

3)道岔板应采用专用吊具吊装，吊铺前应确认吊链上的连接螺栓与道岔板上预埋螺栓孔连接可靠后，方可进行吊铺。

4)道岔板精调后及垫层砂浆未达到规定的强度前，禁止人员或车辆在板上通过。

(16)道岔密贴调整检查应用塞尺检测，不应直接用手触摸检测，避免挤压损伤。

(17)无砟道岔道床钢筋加工、绑扎、焊接以及混凝土浇筑作业安全技术应符合《铁路工程基本作业施工安全技术规程》(TB 10301—2009)有关规定。

(18)电务转换设备安装调试过程中，避免手脚放入转辙器或可动心轨与基本轨之间，以防挤压损伤。

(19)道床板预留的转辙机基坑在未安装转换设备前，应临时用盖板覆盖或设置警示标志。

怎样才能保障工程运输安全？

(1)工程运输应考虑下列主要危险源、危害因素：

1)货物偏载、移动或倾覆主要危险源、危害因素。装载加固不符合技术方案要求；分卸时未均衡卸车；货物装载加固设备及材料不符合技术要求；列车没按规定运行；车辆、货车技术状态不良。

2)机车车辆溜逸主要危险源、危害因素。没按规定要求对机车车辆进行防溜；车辆的制动系统不良；防溜器具不符合技术标准；在大坡道地段进行摘挂车作业；列车推进前没执行试拉制度；列车在车站停车时，司机没按规定进行操作。

3)列车(车列)脱轨主要危险源、危害因素。线路或道岔不满足工程列车通行的技术要求；列车运行速度超过规定的线路允许速度要求；机车车辆走行部的技术状态不良；影响列车运行的线路施工没按规定进行防护；车辆所装货物是否偏载、超载。

4)列车冲突主要危险源、危害因素。车站接发列车、调车作业不符合规定；漏发、错发、漏传、错传调度命令；列车或车辆没停于警示标内方;开续行列车不符合规定;接发超限列车或超限列车(车辆)没停留在规定线路;列车被迫停车或区间停车没按规定进行防护;机车车辆车钩、制动系统技术状态不良。

5)人身伤害主要危险源、危害因素。接发及调车作业人员没按规定操作;列车技检作业没按规定设置防护;检修车辆没按规定设置防溜;电气化区段没按规定作业。

(2)工程运输应设立运输管理和生产组织机构,依据《铁路技术管理规程》相关规定并结合工程运输生产实际,制定运输组织和管理的各项规章制度、岗位责任制、技术安全措施,以保障工程运输安全畅通。

(3)工程运输所配备的运输设备(施)应状态良好,并按规定进行保养、维修。

(4)工程列车在营业线运行或在营业线车站作业时,必须执行铁道部及所在铁路局的各项规章制度。

(5)工程运输期间,应设立事故救援领导小组,成立专(兼)职救援队,并在固定地点配备救援工具和材料。

(6)新线工程运输应具备下列基本条件:

1)车站应有办理行车、货运业务必需的基本设备(施)。

2)工程运输所需的基本临时通信设施必须安装良好。

3)必须配备机车车辆日常运用、维修的基本设备及设施。

4)新铺线路及道岔的允许运行速度。

(7)新线运输组织应符合下列规定:

1)新线开始工程运输后,运输组织管理应由铺架单位统一管理。

2)新线运输组织工作应编制运输组织方案,科学合理地使用机车车辆等运输设备。同时应结合新线工程运输具体条件,制定相应的行车作业办法和安全技术保障措施。

3)行车工作必须坚持集中领导、统一指挥、逐级负责的原则。行车调度人员应按照《铁路运输调度规则》指挥行车工作,凡参与运输的有关各单位必须在行车调度的统一指挥下进行日常生产。

4)工程运输期间,应开设基地站和前方站,中间站的开站数量可根据工程运输需求确定。在基地站应设立货运室,配备有关规章和必要的检查工具。超长、超限工程路料长距离运输时，应在适当地点设置货运检查站，负责对路料车的装载加固进行检查。

5)工程运输期间应设立机务段，根据机车交路、乘务制度等合理采用机车运转制和乘务员换班方式；在基地站应设置列检所，并根据机车交路、线路特点合理增设列检所，满足机车、车辆的日常运用及检修需求。

6)接发车作业程序和用语应执行铁道部颁布的《接发列车作业标准》。超长、超限列车以及自走行的铺架机械应在车站固定线路接发。

7)车站调车作业除应执行《铁路调车作业标准》的相关规定外，还应符合下列规定。

①调动铺轨机、架桥机、大型养路机械、超限限速车辆及宿营车时，必须征得机(车)组负责人的同意方可调动。调车时必须接通全部制动软管并进行制动机简略试验。

②连挂铺轨机、架桥机、大型养路机械、超限限速车辆及宿营车或带上述车辆、机械连挂其他车辆时，必须在距被连挂的车辆、机械30 m处一度停车，检查确认符合连挂条件后，方可以不超过3 km/h的速度连挂。

③在龙门架下对位调车时应符合下列规定。

a. 机车车辆或货物的任何部位与倒装龙门架间的限界距离不得小于70 mm，不足时禁止进行对位作业。

b. 对位作业应在龙门架作业负责人同意后方可进行。

c. 调车人员和机车乘务人员应随时监视龙门架的作业动态，禁止调车人员通过正在作业的龙门架。

8)新线工程列车开行应编挂守车，且必须有运转车长值乘。

9)司机在列车运行中，严格按规定速度和信号显示运行，平稳操纵列车。特殊情况采取紧急制动后，桥梁、轨排列车应由运转车长和押运员检查货物装载加固状态，确认货物装载加固状态良好后方可继续运行。列车在区间被迫停车时，司机及运转车长应按铁道部现行的《铁路技术管理规程》规定进行办理。

10)铺轨机、架桥机等自轮运转特种设备在新线转场挂运前，列检人员应对机组车辆部分进行全面检查维修，挂运时应派列检人员随车押运。

11)轨排、桥梁列车发运单位应指派押运人员，携带必需的工具和加固材料随车押运。列车在车站或途中紧急制动停车时，运转车长和押运人员应对货物的装载加固状态进行全面检查。运转车长在确认货物装载加固状态良好后，方可向司机显示发车信号。

12)新铺线路经重点整道后，工程列车的运行速度不得大于15 km/h。随着线路质量的提高，可逐步提高行车速度。

(8)运用机车应符合下列规定：

1)机车应按规定进行日常保养，按检修周期定期检修，保证技术状态良好。

2)机车工具及备品按《铁路机车运用规程》规定配备齐全，灭火器在有效期内。

3)机车出段前，必须达到运用状态，符合《铁路技术管理规程》规定的出段机车技术条件，并且冬季防寒整修符合规定要求，配备的通讯设备良好。

4)机车各安全保护装置和监督、计量器具不应盲目切(拆)除及任意调整动作参数。

(9)机车检查(修)作业应遵守下列安全规定：

1)机车各转动部件在转动过程中严禁修理或擦拭。

2)禁止带电接触高压导线和各种电气设备的导电部分，严禁敲击、紧固有压力或带电的机车部件。检修前，必须切断压力来源，排尽剩余压力，切断电源，禁止带电作业。

3)机车各种机能试验作业或两人以上在机车上作业时，应执行呼唤应答或联系制度。

4)在机车顶部作业，必须站稳抓牢，做好安全防护措施，佩带好安全带(绳)。

5)更换闸瓦、调整制动缸行程应联系彻底，挂好“禁动牌”，做好机车防溜，关闭制动缸塞门后方可以进行作业。

6)中间站停车，机车乘务员必须坚守岗位，并执行逢停必检制度。在车站停车从事机车车辆检查等作业均不应侵入邻线，并注意机车、车辆动态和邻线动态。当邻线信号开放时不应在邻线侧机车、车辆走行部作业。

7)机车运行和检修作业中应遵守有关机车防火的规定。

(10)运用车辆应符合下列条件:

1)编入列车的车辆(包含自轮运转特种设备走行部分)必须达到运用状态,符合《铁路技术管理规程》规定的技术要求。

2)自轮运转特种设备空气制动机各阀、仪表必须按规定周期进行校验。校验要由具有资质的单位承担。

(11)车辆检修作业应遵守下列规定:

1)列检所应配备带有脱轨器的防护信号,且保持其状态良好,并指定专人负责维修保管。

2)在站内线路上检查、修理、整备车辆时,必须有专人按规定插设脱轨器和防护信号,禁止在无防护信号的情况下进行车辆检修工作。

3)检修作业结束时,在列车两端对好防护号志后,应由专人撤除脱轨器及防护信号。

4)在站内抬运笨重工具、材料或在车底下传递工具、配件时,要呼唤应答、步调一致,并注意列车动态。

5)在检修车辆上部时,应确认装载货物状态及车门的关闭状态,确保安全后,再进行作业。

6)在电气化线路区段,禁止上车顶作业及靠近接触网支柱。

(12)前方站至工地间行车组织工作应符合下列规定:

1)前方站至工地间的行车组织工作由前方站统一领导。行车工作由前方站值班员统一指挥。严禁他人擅自指挥行车、私自动用机车(含动车、轨道车)、车辆。

2)前方站至工地间的调车列按列车办理,开行调车车次。接、发车作业应严格执行《接发车作业标准》中规定的程序和用语标准。

3)前方站至工地间开行续行列车时,必须制定专门的行车办法及安全保障措施。

4)推进运行时,列车前端应安装简易紧急制动阀,调车人员应在前端领车,发现紧急情况时,应使用简易紧急制动阀。

5)前方站至工地间的运行速度不得超过 15 km/h。

6)工地调车作业时,应全部接通软管并进行自动制动机简略试验,检查确认制动主管贯通。推进运行前,必须执行试拉制度。

7)正在进行铺架作业或自走行的铺架机械，严禁连挂。如自行地段线路坡度超过机械设计的最大坡度时，经机组负责人请求，方可派机车推送，运行中机组人员应随车防护。推送时，速度不得超过 10 km/h；通过侧向道岔或曲线时，速度不得超过 5 km/h。

(13)停留的机车车辆(自轮运转特种设备)应根据《铁路技术管理规程》、《铁路调车作业标准》、《机车操纵规程》、《防止机车车辆溜逸办法》等的有关规定做好机车车辆的防溜工作。防溜所使用的人力制动紧固器、防溜铁鞋、防溜枕木、止轮器等防溜设备和器具必须符合技术标准。不符合标准的防溜设备和器具严禁使用。

(14)新线开通后的施工作业应符合下列规定：

1)施工前施工单位应按规定提前 10 日向建设单位和行车管理单位提报施工计划，施工计划应包括：施工方案、施工项目、作业内容、地点和时间、影响范围、施工组织及负责人、施工安全的保障措施及防护办法、列车运行条件、施工安全协议书等基本内容。施工计划经业主批准后，由行车管理单位安排施工。

2)施工单位应按规定办理区间登销记手续，施工期间，施工单位应按规定设置防护，确保施工及行车安全。

3)新建线路的起道、上砟作业完后，施工单位应将线路、道岔的允许运行速度、安全注意事项等以书面形式报行车管理部门。

4)施工搭设的临时设施妨碍工程列车运行时，施工单位应在提报施工计划时说明。当工程列车需要通过时，施工单位应予以拆除，工程列车应在该临时设施前停车，经运转车长确认临时设施已拆除后，方可通过。

5)在有调车作业的车站内，不应在两股道中心堆放砂石料具。在区间线路两旁堆放的施工用料和工器具，距钢轨头部外侧不得小于 1.5 m。物料堆放物应稳固，防止倒塌。

(15)新建线路起道上砟和道岔养护应符合下列规定：

1)新线开通前，施工技术部门应向运输技术部门和行车调度提供线路和道岔允许运行速度。

2)新线开通后，应设立线路和道岔养护机构，负责线路和道岔的养护和维修。

怎样才能保障营业线轨道施工安全?

(1)营业线轨道施工必须严格执行现行《铁路运输安全保护条例》、《铁路技术管理规程》、《铁路营业线施工安全管理办法》、《铁路工务安全规则》、《铁路线路修理规则》、《改建既有线和增建第二线铁路工程施工技术暂行规定》等的有关规定。

(2)营业线轨道施工应考虑下列主要危险源、危害因素:

1)施工防护主要危险源、危害因素。未按规定设置施工防护。

2)施工命令主要危险源、危害因素。未确认施工命令、误判、臆测给点。

3)轨道信号主要危险源、危害因素。施工前未经设备管理单位同意,擅自拆除轨道信号连线或轨道电路连线;电气化区段未设置轨道回流线。

4)施工准备主要危险源、危害因素。施工准备时超范围作业;向营业线路内安放滑轨、预铺新设备或设备不平稳、垮塌侵入行车限界;工机具放置侵限;双线路段未设置安全红线或隔离措施。

5)施工作业主要危险源、危害因素。施工作业没有统一指挥、现场组织混乱;工机具随手乱掷侵入邻线限界;拆除的钢轨、轨枕及其他材料侵入邻线限界;无缝线路区段超出锁定允许温度范围松动或拆卸扣件、扒挖道床、钢轨切口等作业;作业人员在行车线上行走、坐卧休息等。

6)施工完毕主要危险源、危害因素。线路开通未按规定进行三方检查确认,盲目等级销点;线路设备未进行及时交接造成养护不到位或中断等。

(3)不应在铁路道心内、轨枕头和线间距大于 5 m 的两线间行走、坐卧;行车速度大于 160 km/h 时严禁在两线间停留或跨越邻线壁车,所持料具不应侵入建筑限界。

(4)严禁随意横越铁路。却因施工需要,横越铁路时,应按现行铁路《工务安全规则》规定设置防护。

(5)不应钻车、扒车、跳车或通过车底部、车辆连接处传递料具。

(6)严禁在车下、车辆两侧或有塌方落实危险处坐卧休息。

第四章 铁路隧道工程安全

怎样才能保障洞口工程施工安全？

(1)洞口工程施工作业应考虑下列主要危险源、危害因素：

1)对边、仰坡坍塌、地表下沉、地基承载力不足、工作面崩塌、偏压、滑坡等情况未及时处理或加强防护；

2)洞口各项工程与洞口相邻工程、临时工程的统筹安排不当；

3)土石方开挖违反作业顺序要求；

4)施工机具失稳及安全性能缺失、下降；

5)高处作业台(支)架失稳、安全防护失效；

6)爆破方式方法不当、防护措施不足、违规处理火工产品。

(2)隧道洞口施工前应核对施工图与现场实际地质、毗邻建(构)筑物情况，当设计与实际情况不符时，施工单位必须及时上报，并按变更设计处理。

(3)洞口各项工程应与洞口相邻工程、临时工程统筹安排，及早完成。施工时还应采取下列措施：

1)洞口的截、排水系统应与路基排水系统顺接，不得冲刷路基坡面、桥台锥体和农田房舍。

2)施工道路的引入和施工场地的平整应减少对原地貌的破坏和对洞口岩体稳定的影响。

(4)洞口工程爆破应符合下列规定：

1)洞口石质边、仰坡的开挖应采用预留光爆层法或预裂爆破法，严禁采用深眼大爆破或集中药包爆破开挖。

2)洞口邻近建(构)筑物时，开挖爆破应采用控制爆破技术，并监测振动速度，其值应符合现行国家标准《爆破安全规程》(GB 6722—2003)的有关规定。

(5)洞口施工过程应按规定进行监控量测工作。

(6)洞口工程施工时应采取相应措施，加强对周围建(构)筑物、既有线、洞口附近交通道路的防护。

(7)隧道进洞前必须完成洞口工程。

(8)洞口开挖及支护前，应先清理洞口上方及侧方可能滑坍的表土、灌木及山坡危石等，疏通流水沟渠，排除积水。

(9)洞口边、仰坡上方的天沟应及时施作。对土质天沟应随挖随砌，不使水冲刷坡面。

(10)洞口土石方开挖必须按设计要求进行边、仰坡放线，自上而下分层开挖，分层支护。严禁掏底开挖或上下重叠开挖。

(11)洞门端墙处土石方开挖应结合地层稳定程度、施工季节和隧道施工方法进行。

(12)洞口开挖的土石方应避免因弃渣堵塞造成排水不畅、过大土压力引起山坡坍塌和对桥梁墩台的偏压，以及对其他建筑物的危害，并不应影响交通运输安全。

(13)处于陡峭、高边坡的洞口应增设安全棚、安全栅栏或安全网，危险段应采取加固措施。

(14)挖掘机、风动钻机等常用施工机械及机具在操作和使用时，应检查和观察其安全性能和安全状态。

(15)当采用大管棚、抗滑桩、注浆、地表锚杆等措施进行洞口地层加固时，应符合下列规定：

1)管棚施工时应遵守钢管吊装和使用时的起吊安全规程，并严格按钻机操作程序进行作业。

2)抗滑桩施工采用打桩机作业时，应采取措施加固和稳定重型机械；采用人工挖孔作业时，应设置人员上下升降设备、通风设备并采取防护措施，防止坠物伤人。

3)注浆作业时，应加强对注浆软管和接头的完好性和可靠性检查，施工人员应有完善的保护用具，堵管处理应采取先减压再处理的措施。

4)地表锚杆作业时应采取措施防止卡钻，注浆人员要佩戴防护用具。

5)施工脚手架和作业平台应搭设牢固，设扶手栏杆，并应有安全检算。

(16)洞口开挖作业区应设置防护栏杆、防护网及人员专用上下通道。在高于2 m的边坡上作业时必须符合国家现行《建筑施工高处作业安全技术规范》(JGJ 80—1991)的规定。

怎样才能保障超前地质预报作业安全?

(1)超前地质预报作业应考虑下列主要危险源、危害因素:

1)工作面坍塌。

2)找顶不彻底。

3)高处作业台(支)架失稳、安全防护失效。

4)突泥、突水。

(2)超前地质预报工作必须纳入现场施工组织统一管理,并应编制超前地质预报的安全保障措施。

(3)对于地质复杂和较复杂的隧道工程,应由建设单位组织统一招标,选择有经验的队伍承担超前地质预报;对于地质中等复杂和简单的隧道工程,由施工单位自行承担超前地质预报。

(4)对位于区域地质条件复杂的隧道,应根据区域地质勘测资料,选择以钻探法为主,结合物探法、地质调查法的多种不同原理的预测预报方法,并对所测得的资料进行综合分析,达到相互补充、相互印证,提高预报准确率。

(5)超前地质预报人员必须经过隧道施工安全教育培训,并掌握安全操作技术和安全生产的基本知识。

(6)特殊地层及存在高地温、地应力问题的隧道进行地质预报时,应符合下列要求:

1)对含可燃气体、有害气体、放射性物质等特殊地层的隧道及存在高地温、地应力等地质问题的深埋隧道,应按国家现行有关标准的规定进行分析判断。

2)对含瓦斯和天然气的隧道,应遵守国家现行《煤矿安全规程》和《铁路瓦斯隧道技术规范》(TB 10120—2002)等的有关规定。

3)进行隧道地质预报时,必须先监测有害气体浓度,超标时应加强通风，浓度符合卫生标准要求后方可进入工作面。

(7)隧道通过煤系地层、金属和非金属矿区中的采空区时，应查明废弃矿巷与隧道的空间关系，分析评价其危险程度及对隧道的影响程度。

(8)地质预报工作必须在隧道找顶作业结束后(高地应力区隧道应待工作面支护完成后)进行，开始工作前应观察操作空间上方、周围有无安全隐患，特别是钻探开挖工作面附近是否还有危石存在，确保预报人员的安全。

(9)超前地质预报当使用作业台架、高空升降车等设备时，设备应安设牢固，操作人员应遵守高处作业的有关规定。

(10)采用钻探法预报时，钻孔作业应符合下列规定：

1)应编制钻孔作业指导书，开钻前应进行安全技术交底。

2)应采用电机驱动的钻机，施工用电应由持证上岗的电工负责。

3)孔口管必须安设牢固。

4)钻机使用的高压风、高压水的各种连接部件应采用符合要求的高压配件，管路连接应安设牢固并经常检查。

5)钻孔时，钻机前方应安设挡板，除操作人员外其他人员禁止进入工作区域。

(11)在可能发生突水、突泥的地段，进行超前钻探时应符合下列规定：

1)在斜井和反坡地段施工，当其处于富水区时，超前钻探作业应做好钻孔突涌水处治方案，确保人员与设备的安全。

2)必须安装孔口安全装置，并将孔口固定牢固，装上控制闸阀，进行耐压试验，达到要求后，方可钻进施工。

3)当地下水压力大于一定数值时，应在孔口管上焊接法兰盘，并用锚杆将法兰盘固定在岩壁上。

4)对软弱破碎带地层，应设置止浆墙。

5)钻探过程中发现岩壁松软、掉块或钻孔中的水压、水量突然增大，以及有顶钻等异状时，必须停止钻进，立即上报处理，并派人监测水情。

6)当发现情况危急时，必须立即撤出人员，然后采取措施进行处理。

(12)采用钻探法预报时,严禁在残孔内加深炮孔进行探测。

(13)采用地震波反射法预报时,使用的炸药量不得大于 75 g。炸药和雷管必须由持有爆破证的专人领取和操作,非专业人员严禁从事爆破作业。

怎样才能保障洞身开挖作业施工安全?

(1)隧道洞身开挖作业应考虑下列主要危险源、危害因素:

1)开挖方法选择不当。

2)开挖循环进尺过大,支护不及时。

3)找顶不彻底。

4)开挖作业台架防护措施不到位。

5)爆破作业时无安全防护,爆破作业违章操作。

(2)隧道开挖前,施工单位应编制开挖专项技术方案,方案应包括开挖方法、工艺流程、安全技术措施等内容。

(3)隧道开挖方法应根据其地质条件、断面大小、施工装备、工期等条件的变化,在施工过程中进行适宜的调整。

(4)钻爆开挖应采用光面爆破或预裂爆破技术,控制循环进尺,减少对围岩的扰动,并不应对初期支护、衬砌结构和施工设备造成损伤。

(5)两座平行的隧道开挖时,其两个同向开挖工作面应保持合理的纵向距离;间距小的隧道,必须采取措施防止后行洞开挖对先行洞产生不良影响。

(6)隧道双向开挖接近贯通面时,两端施工应加强联系与统一指挥,当隧道两个开挖工作面距离接近 15 m 时,必须采取一端掘进另一端停止作业并撤走人员和机具的措施,同时在安全距离处设置禁止入内的警示标志。

(7)隧道采用钻爆法开挖必须进行钻爆设计,钻爆设计应考虑爆破振动和噪声对周围环境的影响,应采取减小振动和降低噪声的技术措施。

(8)隧道采用机械开挖时,应根据其断面和作业环境合理选择机型,划定安全作业区域,并设置警示标志,非作业人员不得入内。

(9)隧道采用人工开挖时,作业人员应保持必要的安全操作距离,并设专人指挥。

(10)隧道开挖使用的作业台架应进行强度、刚度和稳定性检算,经验收合格后方可使用,台架四周必须设置安全防护栏杆。

(11)隧道找顶必须在通风后进行,并有专人指挥,照明应有充足的光照度;找顶后必须进行安全确认,合格后其他作业人员方可进入开挖工作面作业。

(12)隧道在开挖下一循环作业前,必须对照设计检查初期支护施作情况,确保施工作业环境安全。

怎样才能保障装渣与运输安全?

(1)隧道内装渣与卸渣作业应考虑下列主要危险源、危害因素:

1)围岩失稳坍塌。

2)洞内照明光照度不足。

3)找顶不彻底。

4)作业区域机械、车辆对人的伤害。

5)卸渣车辆溜车、倾翻、挂碰。

6)粉尘及有害气体含量超标。

(2)隧道爆破后应及时进行通风、照明、找顶和初喷混凝土等工作,确认工作面安全及通风、照明满足要求后,方可进行装渣作业。

(3)装渣作业应规定作业区域,严禁非作业人员进入。

(4)装渣与卸渣作业应有专人指挥,作业场地的照明应满足作业人员安全操作的需要。

(5)装渣作业应遵守下列规定:

1)装渣机械作业时,其回转范围内不得有人通过。

2)装渣过程中,应注意观察开挖面围岩的稳定情况,发现松动岩石或有塌方征兆时,必须先处理再装渣。

3)装渣时发现渣堆中有残留的炸药、雷管应立即处理。

4)向运渣车辆中装渣时,应避免偏载、超载。

5)用扒渣机装渣时,若遇岩块卡堵,严禁用手直接搬动岩块,身体任何部位不得接触传送带。

6)机械装渣的辅助人员,应随时观察装渣和运输机械的运行情况,防止挤碰。

(6)卸渣作业应遵守下列规定:

1)卸渣场应按设计进行施工,满足安全作业及环境保护要求。

2)有轨运输卸渣场线路应设安全线并设置1%~3%的上坡道,卸渣码头应搭设牢固,并设有挂钩、栏杆及车挡防止溜车装置。

3)电瓶车牵引梭式矿车或渣车卸渣时,必须用铁楔将车轮两个方向楔紧,不得采用石渣或木条代替铁楔。

4)自卸汽车卸渣时,必须将车辆停稳制动,不得边卸渣边行驶;不得在坑洼、松软、倾斜的地面卸渣;卸渣后应及时使车厢复位,严禁举升车厢行驶。

(7)运输作业应考虑下列危险源、危害因素:

1)运输计划制订不当,车辆管理混乱。

2)隧道运输最小行车限界不能满足,或临时设施、支撑侵入限界。

3)警示标志、联络信号设置不当,或有缺陷。

4)进出洞人员不走人行道,不遵守有关安全规定。

5)运输线路不按规定设置和养护。

6)车辆装载不合理,超限、超载、偏载、捆扎不牢,人货混装。

7)车辆运行时发生碰撞、擦剐、挤压等车辆伤害事故。

8)载人列车缺乏安全保证措施,车未停稳上、下人员。

(8)施工单位应根据施工安排编制运输计划,制定运输管理规定,加强运输调度,确保工程运输安全。

(9)隧道施工运输路线的空间必须满足最小行车限界要求,并根据不同的运输方式,在洞口、台架、设备、设施等位置设置信号和标志予以警示。

(10)运输车辆不准超载、超宽和超高运输,不得人货混装。车辆行驶中应随时观察线路有无障碍和洞内其他设施、设备、临时支撑等有无侵入限界情况。

(11)进出隧道人员必须走人行道，不得与机械抢道。严禁扒车、追车或强行搭车。

(12)运输线路或道路应保持平整、畅通，并设专人按标准规定的要求进行维修和养护。线路或道路两侧的废渣和杂物应随时清除。

(13)有轨运输作业应遵守下列规定：

1)必须按设计图进行轨道铺设，严格控制好轨距、线间距和线形。

2)车辆装载应符合规定要求，机动车牵引不得超载。

3)车辆行驶时，应与信号、指挥人员协调配合和加强信号联络。

4)列车连接必须良好，机车摘挂后调车、编组和停留时，应有防溜车措施。

5)两组列车在同方向行驶时，其间隔距离不得小于 100 m。

6)机动车牵引的列车，在洞内施工地段、视线不良的弯道、通过道岔和平交道等处，其行驶速度不得大于 10 km/h，其他地段在采取有效的安全措施后，行驶速度不得大于 20 km/h。

7)车辆运行时应加强瞭望，严禁在行驶中进行摘挂作业。

(14)有轨运输作业中，电瓶车的使用应遵守下列规定：

1)电瓶车司机必须经过专业培训和考核，并持证上岗，严禁无证驾驶。

2)电瓶车作业前，必须对车辆的制动器、喇叭、灯光、连接装置等进行安全检查，确认完好后方可行车。

3)电瓶车司机必须服从信号指挥，当信号不明确时不得擅自行车。

4)电瓶车作业结束后，必须将机车制动，切断电源，拔出启动钥匙；停车位置应位于水平场地上，不得已需要停在倾斜地面时，必须采取可靠的防溜车措施。

5)电瓶车牵引砟车的车辆编组应根据线路坡度、轨道状态、载重量等因素设计，确保电瓶车的安全制动距离。

6)电瓶车的充电管理应设立专门的充电班组，并按标准规定的要求布置充电房和配置充电人员。

(15)无轨运输作业应遵守下列规定：

1)施工机械安全装置必须齐全有效,使用前及作业过程中应加强检查,按规定要求进行维修保养,保持机械状况良好与运输安全。

2)施工机械应采用带净化装置的柴油机械,严禁汽油机械进洞。

3)机械操作人员必须持证上岗,严格执行安全操作规程,严禁违章操作。

4)施工作业地段的行车速度不得大于 15 km/h,成洞地段不得大于 25 km/h。

5)隧道洞口、平交道口、狭窄的施工场地应设置慢行标志,必要时设专人指挥交通。

6)车辆接近或通过洞口、台架下、施工作业地段以及前方有障碍物时,司机必须减速瞭望并鸣笛示警。

7)在隧道内倒车或转向必须开灯鸣笛或有专人指挥。

怎样才能保障支护与加固作业施工安全?

(1)支护与加固作业应考虑下列主要危险源、危害因素:

1)临时用电不符合要求、工作面光照度不足。

2)找顶不彻底。

3)围岩变形超限失稳、上一循环支护强度不足、工作面坍塌。

4)高空作业台(支)架失稳、安全防护失效。

5)施工机具失稳及安全性能缺失、下降。

(2)隧道支护施工作业面用电应符合临时用电的要求,其照明应满足安全作业的需要。

(3)隧道支护每项工序施工前均应对作业面进行检查,清除松动的岩石和喷射混凝土块。

(4)隧道支护必须按初喷→架设钢架(钢筋网)、复喷→锚杆的程序施工。在爆破、找顶后,应立即初喷混凝土封闭围岩。

(5)隧道支护施工质量必须达到有关标准规定的要求。超前支护应在完成开挖工作面的加固后进行,每循环之间应有足够的搭接长度与初期支护有效连接。

(6)施工作业台(支)架应按要求设计、检算与审核;台架应牢固可靠,四周应设置安全栏杆、安全网和上下工作梯,经验收合格后方可使用。

(7)特殊地质条件的隧道,应根据具体地质情况采取超前支护、预加固处理方案和安全保障措施。

(8)监理单位应重点检查下列工作:

1)施工作业台(支)架与的设计、检算与审核程序。

2)各类作业台架使用前的验收程序。

3)审批超前支护和初期支护的施工方案。

4)锚杆数量与施工质量(砂浆饱满度、抗拔力)。

5)验收喷混凝土厚度、强度,钢筋网及钢架垂直度、间距。

6)管棚、超前小导管、超前锚杆的施工质量。

7)预注浆加固围岩与止水的效果。

(9)施工单位应按设计和工艺流程施工,负责各工序的安全检查,每次支护作业均应进行安全检查。

怎样才能保障衬砌作业施工安全?

(1)衬砌作业应考虑下列主要危险源、危害因素:

1)临时用电不符合要求,作业面光照度不足。

2)衬砌时机选择不当、与开挖工作面距离过长。

3)高处作业台(支)架失稳、安全防护失效。

4)施工机具安全性能缺失或下降。

5)电线路短路,防水板施工引发的火灾及有毒、有害气体。

(2)衬砌施工作业面用电应符合临时用电的要求,其照明应满足安全作业的需要。

(3)一般地段隧道施作衬砌应在围岩和初期支护变形稳定后进行;在浅埋、偏压、围岩松散破碎等特殊地段和洞口段应尽早施作衬砌。

(4)在软弱、破碎、高地应力、大变形的围岩地段,仰拱应随开挖及时施作,尽快形成封闭环,并超前于墙拱衬砌。同时应合理确定与开挖和衬砌作业面的距离。

(5)衬砌作业台架下预留通行作业人员、施工车辆以及安设风、水、电线路或管道的净空，应满足洞内车辆和人员安全通行的要求。

(6)衬砌作业台架应有足够的强度、刚度和稳定性，衬砌台车、台架组装调试完成应经验收合格方可投入使用。

(7)衬砌作业台架、仰拱施工栈桥的移动，应有专人指挥，慢速移位，工作区严禁非作业人员和车辆通行、停留；非作业人员、设备、材料、工器具等应撤离到安全地点。

(8)衬砌作业台架、作业平台四周应设置安全栏杆、密闭式安全网、人员上下工作梯，衬砌台车及防水板施工作业台架还应配置灭火器，经验收合格方可投入使用。

(9)衬砌作业台架、作业平台上的各类用电设备应有绝缘保护装置，电线路还应符合洞内临时用电要求。

(10)运输机械应按规定线路及限行速度行驶，过往台架、栈桥时应加强嘹望，倒车作业应有专人指挥，驻停时应有制动措施及安全警示标志。

(11)每项衬砌作业完毕后应及时清理作业场地、消除安全隐患，保持作业场地清爽、通行无碍。

怎样才能保障监控量测作业施工安全？

(1)监控量测作业应考虑下列主要危险源、危害因素：

1)监控量测方案不合理，元器件损坏，采集数据失真。

2)监控量测工作面未找顶、支护不及时，照明光照度不足。

3)作业平台防护不到位，个人防护用品未按规定佩戴。

4)富水和岩溶隧道安装量测仪器或钻孔作业时，出现突水、突泥等异常情况。

5)施工安全性评价等级不准。

(2)设计单位应根据隧道工程地质条件、环境条件、断面大小、施工方法和安全要求进行监控量测设计，在开工前向施工单位做好技术交底，提供与本工程监测项目相关的技术参数，科学指导现场施工的监控量测工作。

(3)在工程项目开工前,施工单位必须成立监控量测小组,建立质量保证体系。在施工过程中应将监控量测纳入正常的施工组织管理并在监控量测工作实施前编制实施方案。

(4)监理单位应审查施工单位监控量测资质,对隧道监控量测实施过程进行监理和审核监控量测成果等。

(5)当施工安全性评价超过Ⅱ级管理时,建设单位、勘察设计单位必须尽快明确有针对性的施工措施,确保施工安全。

(6)对工程地质和环境条件特别复杂的隧道,建设单位应选择具有专业资质的第三方进行监控量测或复核工作。第三方应建立监控量测安全管理体系。

(7)监控量测人员必须经过隧道施工安全教育培训,掌握安全操作技术和安全生产基本知识。

(8)监控量测实施单位应配备安全员,在隧道监控量测过程中应设有安全岗哨。

(9)监控量测作业区域照明的光照度必须满足数据采集和作业人员安全操作的需要。

(10)隧道施工过程中要妥善保护监控量测的元器件,并有显著的安全标识。在岩爆地段埋设量测元器件,必须对岩爆妥善处理后进行。

(11)隧道内观察应在开挖工作面和已施工地段分别进行。开挖工作面应在每次开挖后进行观察和绘制地质素描图、进行数码照相,详细填写地质情况记录表,并与勘查设计资料对比,隧道内已施工地段应随时观察记录喷射混凝土、锚杆、钢架等的工作状态。

(12)隧道观察重点应为洞口段和浅埋洞身段。洞外地表观察应记录地表开裂与变形、洞口边坡与仰坡稳定状态等情况,同时应对地面建(构)筑物进行观察。

(13)隧道穿过浅埋地段时,必须作好控制爆破设计和地表监控量测设计,并加强地表下沉观测和地面爆破振动观测。

(14)隧道开挖工作面的地质素描以及支护状态、地表影响范围内建(构)筑物的描述,应每掘进循环记录1次,必要时,对地表影响范围内的建(构)筑物的描述频率应加大。

(15)监控量测使用的作业台架、高空升降车、升降梯等必须安设牢固,作业时操作人员必须系安全带。

(16)埋设多点锚杆位移器、锚杆应力计时,操作人员必须遵守机械设备操作安全的有关规定,开钻前必须进行安全技术交底。

(17)在富水区隧道安装量测仪器或进行钻孔时,发现岩壁松软、掉块或钻孔中的水压、水量突然增大,以及有顶钻等异常情况时,必须停止钻进,立即上报有关部门,并派人监测水情。当发现情况时,必须立即撤出所有受水威胁区域的人员,然后采取措施进行处理。

怎样才能保障施工排水作业安全?

(1)施工排水作业应考虑下列主要危险源、危害因素:

1)富水软弱围岩、岩溶隧道突水、突泥。

2)排水设备不足或损坏,排水能力不够。

3)膨胀岩、土质地层、围岩松软地段,施工用水浸泡地基。

4)洞口地表水渗漏及冲刷边仰坡。

5)有水地段电缆线破损漏电。

6)施工排出的水质不符合标准,污染环境。

(2)隧道施工应做好排水工作,防止涌水淹没洞室,危及人员、设备和环境安全,影响施工质量和进度。

(3)隧道施工前必须根据设计提供的工程及水文地质资料,结合现场实际情况,进行分析研究,预计可能出现的地下水情况,估计水量,制订排水方案。

(4)施工前应对地表水进行处理并及早修建洞口防排水设施,防止地表水渗漏及冲刷边仰坡危及结构和施工安全。

(5)洞内施工排水沟应经常清理,保持畅通,防止淤塞。

(6)洞内反坡排水应采用机械排水,并应符合下列规定:

1)排水方式应根据距离、坡度、水量和设备情况布置管路,一次或分段接力排出洞外。

2)集水坑容积应按排水量合理确定,其位置应减少施工干扰。

3)配备抽水机的功率应大于排水量的20%以上,并应有备用台数。

(7)在膨胀岩、土质地层、围岩松软地段,应铺砌水沟或用管槽排水,洞内施工用水应加强管理,严格控制。

(8)对富水软弱破碎围岩、岩溶等有突涌水风险的隧道,必须进行防突涌水专项设计,编制专项安全技术方案,并符合相关内容的规定办理。

(9)隧道内有水地段的高压电线必须按有关要求铺设,照明必须采用安全电压及防水灯头和灯罩。施工现场电线、电缆使用过程中应经常检查,确保绝缘良好。

(10)隧道施工排水,应重视环境保护,经过处理符合现行国家标准的规定后方可排放。

怎样才能保障通风、防尘与风水电供应安全?

(1)通风与防尘作业应考虑下列主要危险源、危害因素:

1)供风量不足,通风不畅。

2)隧道内一氧化碳、二氧化碳、瓦斯等有毒有害气体超标。

3)粉尘超标。

4)通风系统破坏。

(2)隧道施工独头掘进长度超过150 m时,必须采用机械通风。

(3)隧道施工通风应纳入工序管理,成立专门的通风班组,由专人负责管理。通风方案应经过专项审查,经监理单位审批后实施。

(4)隧道施工应保证对每一作业人员供应新鲜空气不小于3 m^3/min,采用内燃机械作业时,供风量不应小于3 m^3/(min·kW)。

(5)隧道施工通风的风速,全断面开挖时不应小于0.15 m/s,在分部开挖的坑道中不应小于0.25 m/s。

(6)隧道施工环境必须符合国家有关规定,并应满足下列卫生及安全标准的要求:

1)空气中氧气含量按体积计不得低于20%。

2)粉尘容许浓度,每立方米空气中含有10%以上的游离二氧化硅的粉尘不得大于 2 mg。每立方米空气中含有 10%以下的游离二氧化硅的矿物性粉尘不得大于 4 mg。

3)常见有害气体容许浓度。

①一氧化碳容许浓度不得大于 30 mg/m³,在特殊情况下,施工人员必须进入开挖工作面时,浓度可为 100 mg/m³,但工作时间不得大于 30 min。

②二氧化碳按体积计不得大于 0.5%。

③氮氧化物(换算成 NO_2)浓度应在 5 mg/m³ 以下。

4)隧道内气温不得高于 28 ℃。

5)隧道内噪声不得大于 90 dB。

(7)长及特长隧道施工应有备用通风机和备用电源,保证应急通风的需要。

(8)通风机、通风管安装与使用应符合下列要求:

1)通风机控制系统应装有保险装置,当发生故障时应自动停机。

2)通风管沿线应每隔 50～100 m 设立警示标志或色灯;人员严禁在风管的进出口停留。

3)通风管安装作业台架应稳定牢固,经验收合格后方可使用。

(9)隧道施工应采取综合防尘措施,并配备专用检测设备及仪器,按规定时间测定粉尘和有害气体浓度。

(10)隧道施工人员应配备防尘口罩、耳塞等个人劳动保护用品。洞内作业人员应定期体检,保障健康。

(11)供风作业应考虑下列主要危险源、危害因素:

1)空压机附件失效。

2)供风管管材不合格,供风管使用中有破损、漏风。

(12)空压机站应有防水、降温和保温设施,并按规定配备消防器材;距离居民区较近时应有防噪声、防振动的措施。

(13)空压机的使用、维修应符合下列规定:

1)储气罐、安全阀、压力表应按规定进行检验。

2)使用前应检查空压机的安全状况,确认完好后方可投入使用;使用过程中应经常检查维护,确保安全运转。

3)操作人员应经专业培训并持证上岗,并遵守安全操作规程。

4)必须执行交接班制度，并作好交接班记录，值班人员不得随意离岗。

5)运转过程中不得随意松动、拆卸任何管路附件和接头，防止设备内部带压的气液混合体溢出伤人。

6)检修或维护时必须停机、切断电源并排尽压缩空气，同时将配电箱锁闭并悬挂"严禁合闸"警示牌，防止意外启动导致人员及设备的损伤。

(14)供风管安装应符合下列规定：

1)供风管的材质及耐风压等级应满足相应要求，不得采用伪劣或不合格管材。

2)供风管安装前应进行检查，当有裂纹、创伤、凹陷等现象时不得使用，管内不得留有残余物和其他脏物。

3)洞内供风管应敷设在电缆、电线路的相对一侧，不得妨碍运输和影响侧沟施工；风管网路中应分段设控制闸阀，以利于控制和检修。

4)供风管应敷设平顺，接头严密，不漏风。软管与钢风管的连接必须牢固可靠，风管拆卸必须在空压机停机或关闭闸阀后进行。

(15)供风系统使用过程中应设专人负责检查和维护，对漏风管路及闸阀等应及时进行修复或更换。

(16)供水作业应考虑下列主要危险源、危害因素：

1)水质不符合标准。

2)蓄水池不牢固，无防护棚和防护栏或损坏。

3)抽水机电机绝缘失效，电缆线漏电。

4)供水管道有裂纹或闸阀失效。

(17)隧道工程用水使用前应经过水质鉴定，并符合施工用水水质要求。

(18)蓄水池不得设于隧道正上方，水池基础应置于坚实地基上；蓄水池顶部必须设防护棚，四周应设防护栏，并有明显的安全警示标志，防止人员坠入。

(19)机械抽水应有专人负责，当抽水机房设在河边时，应有防洪措施。水池与机房之间应保持通信联系。

(20)抽水机电机的绝缘阻值应符合要求，机体应有可靠的接地接零保护。

(21)供水管道在安装前应进行检查,有裂纹、损伤等现象时不得使用,管内不得留有残余物。

(22)供水管道布置应符合下列规定:

1)供水管路应敷设平顺,接头严密,不漏水。

2)洞内管道应铺设在电缆、电线路的相对一侧,不得妨碍运输和通行。

3)寒冷地区冬期施工时,应采取防冻措施,防止供水管道冻裂。

(23)供水系统应设专人负责检查维护,对漏水管路及闸阀应及时修复或更换,对水源含泥沙较多的高压水池应定期清洗。

(24)供电作业应考虑下列主要危险源、危害因素:

1)作业地段照明未使用安全电压,隧道施工照明不足。

2)高压输电线路距人行道安全距离不够。

3)电缆线破损或线头裸露。

4)电工作业人员防护不当。

(25)隧道供电电压应符合下列要求:

1)供电线路应采用 380/220 V 三相五线系统。

2)照明电压。作业地段不得大于 36 V,成洞地段可采用 220 V。

3)低压线路末端的电压降不得大于 10%。

(26)隧道内供电线路布置和安装应符合下列规定:

1)成洞地段固定的电线路,应用绝缘良好的塑料绝缘导线架设;施工地段的临时电线路应采用橡套电缆,并应挂设在临时支架上;竖井、斜井应使用铠装电缆。

2)照明和动力电线路安装在同一侧时,必须分层架设;电线悬挂高度应为:电压 380 V 时不小于 2.5 m,10 kV 时不小于 3.5 m。

3)涌水隧道的电动排水设备,以及斜井、竖井内的电气装置应采用双回路输电,并有可靠的切换装置。

4)36 V 低压变压器应设在安全、干燥处,机壳接地,输电线路长度不得大于 100 m。

5)动力干线上的每一分支线,必须装设开关及保险装置。严禁在动力线路上加挂照明设施。

(27)在隧道内设置10 kV变电站,应符合下列要求:

1)变电站应设置在干燥的避车洞或不使用的横通道内,变压器与周围及上下洞壁的最小距离不得小于300 mm。

2)变电站周围必须装设防护遮栏和警示灯,悬挂“止步,高压危险”或“禁止攀登,高压危险”等安全警示牌。

3)变电站应采用井下高压配电装置或相同电压等级的油开关柜,不应使用跌落式熔断器。低压应采用成套组合电器或带有空气断路器的低压配电盘。

(28)隧道施工照明应符合下列规定:

1)隧道内照明的光照度应充足、均匀,不得有闪烁。

2)采用普通光源照明时,不安全因素较大的地段应加大光照度。

3)洞内主要交通道路、抽水机站等重要场所,应有安全照明。

4)隧道施工照明应采用防水、防尘灯具。

(29)隧道施工用电应按设计要求设置双电源或自备电源。自备发电机组与外电线路必须电源联锁,严禁并列运行。

(30)隧道施工用电尚应符合《铁路工程基本作业施工安全技术规程》(TB 10301 — 2009)第4章的规定。

怎样才能保障不良地质和特殊岩土地段隧道施工安全?

(1)不良地质和特殊岩土地质隧道施工作业应考虑下列主要危险源、危害因素:

1)专项施工技术方案不合理、开挖方法选择不当。

2)超前地质预测、预报工作不到位,分析判断不准确。

3)初期支护施做不及时,支护强度不足。

4)量测数据失真,信息反馈不及时。

5)瓦斯隧道施工机械设备、检测仪器未按规定配备,瓦斯浓度检测工作不到位,通风效果差。

(2)隧道施工前必须根据设计提供的工程地质及水文地质资

料，结合现场实际情况进行分析研究，制订专项施工技术方案。

(3)隧道施工前必须针对不同风险源制订完善的应急预案，并定期组织演练，施工中应有足够的抢险、急救物资储备。

(4)隧道施工时，应根据具体情况制定地质预测、预报方案并组织实施，并根据地质预测、预报的结果及时调整隧道施工方案。

(5)隧道施工时，应加强监控量测。当发现围岩和支护体系变形速率异常时，应立即采取有效措施，情况严重时应将全部人员撤离危险区域。

(6)每道施工工序作业前，应由当班安全员用班前安全讲话的形式，将作业风险和安全措施告知所有作业人员，并按安全措施执行。

怎样才能保障斜井与竖井作业施工安全？

(1)斜井、竖井施工作业应考虑下列主要危险源、危害因素：

1)斜井、竖井与正洞连接处的专项施工技术方案不合理。

2)富水长大斜井、竖井的抽排水专项技术方案不合理，抽排水设备配置不足。

3)斜井无轨运输道路坡度过大，运输车辆超速、超载、超限。

4)斜井有轨运输轨道养护不到位、调度指挥不当，运输车辆超速、超载、超限。

5)竖井提升系统信号和制动失灵、调度指挥不当、运行过程中发生机械故障等。

(2)斜井、竖井井口周边的截水、排水系统和防冲刷设施应在开挖前妥善规划，尽早完成。斜井洞门、竖井锁口圈应及早施作。

(3)斜井、竖井的边仰坡开挖不应采用大开挖、大爆破，开挖坡面应及时进行防护，坡面有危石时应进行清除或防护。

(4)斜井、竖井与正洞连接处的施工必须编制专项施工方案，有针对性地制定安全技术措施，按程序报批后方可进行。

(5)斜井、竖井与正洞连接处在开挖前应检查围岩稳定情况，必要时采取超前预加固措施。开挖后，应及时支护和监控量测，围岩差时应及早施作二次衬砌。

(6)斜井、竖井废弃的时候应安全要求做好排水、加固,并采取安全防护措施。

怎样才能保障全断面岩石掘进机(TBM)施工安全?

(1)全断面岩石掘进机(TBM)施工作业应考虑下列主要危险源、危害因素:

1)吊装作业钢丝绳断裂、吊钩脱落、限位器失灵。

2)机械设备运行和维护中作业人员防护不当。

3)通过软弱围岩、岩爆、小岩溶、膨胀岩、高瓦斯等特殊地段。

4)刀具、刀盘、主轴承等失效。

5)施工运输指挥不当、信号和制动失灵、超速、超载及机械故障等。

6)未配备消防器材或消防器材失效。

(2)施工单位应建立健全安全生产保障体系和规章制度,对施工人员进行安全教育和培训。TBM 作业人员必须经过专业培训考核合格并取得相应操作证后持证上岗。

(3)TBM 在特殊地质条件下施工前,建设单位应组织专家评审施工方案,施工单位应编制安全事故应急救援预案,并经建设单位审批。

(4)TBM 施工各工序作业前,应编制安全作业规程和作业指导书,关键工序还应编制专项安全技术措施,经监理单位审批后实施。施工前,应对作业人员进行安全技术交底。

(5)TBM 施工中应建立健全机械设备管理制度,定期对设备进行安全检查、维护。

(6)TBM 施工的隧道应开展超前地质预报,判断围岩类别、岩性、稳定性、整体性、抗压强度等,通过超前地质预报工作达到快速补充和检验地质资料的目的,避免漏报重大地质灾害点(段)。

(7) TBM 施工中应结合工程施工环境、地质和水文条件编制完善的施工监控量测方案。当出现变形异常情况必须加强监测频率，建设单位应选择具有专业资质的第三方进行量测复核工作。

怎样才能保障盾构施工安全？

(1)盾构施工作业应考虑下列主要危险源、危害因素：

1)吊装作业钢丝绳断裂、吊钩脱落、限位器失灵。

2)始发或接收盾构工作井端头地层未加固。

3)掘进参数选择错误，开挖面失稳，地表下沉。

4)通过浅覆土地层、小净距、小半径曲线、大坡度、江河及下穿既有建(构)筑物、地下管线、障碍物等特殊地段。

5)刀具、刀盘、主轴承等失效。

6)带压换刀。

7)施工运输指挥不当、信号和制动失灵、超速、超载及机械故障等。

8)未配备消防器材或消防器材失效。

(2)盾构施工前，应对地层、地下管线、地下及地面建(构)筑物及障碍物进行详细调查。

(3)施工单位应建立健全安全生产保障体系和规章制度，对施工人员进行安全教育和培训。盾构作业人员必须经过专业培训考核合格并取得相应操作证后持证上岗。

(4)盾构施工各工序作业前，应编制安全作业规程和作业指导书，关键工序还应编制专项安全技术措施，经监理单位审批后实施。施工前，应对作业人员进行安全技术交底。

(5)盾构在特殊地段施工前，建设单位应组织专家评审施工方案。施工单位应编制安全事故应急救援预案，并经建设单位审批。

(6)盾构施工中应建立健全机械设备管理制度，定期对设备进行安全检查、维护。

(7)盾构施工中应结合工程施工环境、地质和水文条件编制完善的施工监控量测方案。当出现变形异常情况必须加强监测频率。建设单位应选择具有专业资质的第三方进行量测复核工作。

(8)盾构设备大件吊装作业必须由具有资质的专业队伍实施。

第五章 铁路桥涵工程安全

怎样才能保障基础作业施工安全？

(1)基础施工作业过程中应考虑下列主要危险源、危害因素：

1)地下管线、地下构筑物等调查不明，盲目施工。

2)机械设备未按规定进行检查验收。

3)危险处所未按规定设置防护设施和警示标志。

4)围堰施工时，对其变形、渗水和冲刷等情况不进行监测或发现问题处理不及时。

5)钢板桩吊环焊接质量不合格。

6)双壁钢围堰的尺寸、强度、刚度、稳定性和锚定方法不能满足施工要求。

7)基坑开挖未按规定进行放坡。

8)基坑支护变形检查、处理不及时。

9)基坑降水影响周边建筑物，观测处理不及时。

10)打桩机或钻机基底不坚固。

11)挖孔桩护壁施工不及时。

12)承台施工时平台及支撑系统搭设、连接不牢固。

13)违规拆除沉井垫木。

14)违规进行爆破作业。

15)作业人员不按规定佩戴劳动防护用品。

16)施工现场违章用电。

17)水上施工无救生和消防等设施，无防汛措施。

(2)双壁钢围堰、吊箱围堰、深基坑、挖孔桩及沉井施工前，应编制专项施工方案。

(3)基础工程开工前，必须调查探明作业区内地下管线、地下构筑物及地面以上通讯、电力线路等，有碍施工时，应先进行加固防护或改移。

(4)机械设备等在施工前应经检查验收合格后方可使用。

(5)基坑、挖井、沉井、泥浆池、挖孔桩、浇筑后的钻孔桩四周必须设置护栏及明显的警示标志，夜间应悬挂示警红灯，非工作人员不得入内。钻、挖孔桩停止施工时，孔口应加盖防护。

(6)基坑及围堰施工，应根据水文、地质条件、机械设备能力等因素选择适当的支护方案。

(7)在不稳定的土或砂土中采用吸泥、吹砂等方法下沉围堰或沉井时，应备有向围堰(沉井)内补水的设备，保持围堰(沉井)内外水压平衡，防止翻砂。吸泥器应均匀移动作业，防止吸泥过深，造成结构下沉偏斜。

(8)深水钢围堰、水上作业平台施工，当遇到大风、暴雨等恶劣天气时，应停止施工作业并采取有效的应对措施。

(9)桥涵地基处理应符合《铁路路基工程施工安全技术规程》(TB 10302—2009)有关规定的要求。

(10)桥涵基础施工中的起重吊装、施工用电、现场防火、危险物品管理、季节性施工、钢筋、模板和混凝土施工等应符合《铁路工程基本作业施工安全技术规程》(TB 10301—2009)的相关规定。

怎样才能保障墩(台)作业施工安全?

(1)墩(台)施工作业过程中应考虑下列主要危险源、危害因素：

1)塔式起重机基础不牢固；塔式起重机未与桥墩进行可靠连接。

2)施工电梯超载运行。

3)墩(台)身钢筋安装无可靠的固定措施。

4)混凝土施工时模板支撑不牢固。

5)脚手架、工作平台搭设不牢固。

6)高处作业时上下重叠施工，未按规定设置防护棚等安全防护设施。

7)模板及脚手架拆除顺序及措施不当。

8)起重吊装违规操作。

9)作业人员不按规定佩戴劳动防护用品。

10)高墩模板爬升体系未设置保险装置。

(2)高大模板、爬模、翻模施工前,应编制专项施工方案。

(3)墩(台)施工模板应有足够的强度、刚度和稳定性,能承受施工过程中可能产生的各项荷载。

(4)墩(台)身混凝土施工应加强对模板支撑系统和变形的检查。

(5)墩身钢筋安装应搭设支架临时加固,防止钢筋骨架倾覆。

(6)脚手架、工作平台应搭设牢固,不得与模板及其支撑体系连接。平台、步梯应设围栏,周边应张挂密目安全网。

(7)墩(台)施工靠近既有道路时应采取可靠的安全防护措施,确保过往行人和车辆的安全。

(8)当墩台位于陡坡处时,应按设计要求及时施工边坡支护及排水工程。

(9)隧道或路堑的弃渣,严禁倾倒在墩(台)一侧,以免造成偏压。

(10)桥涵墩(台)施工中的起重吊装、施工用电、现场防火、高处作业、危险物品、季节性施工、钢筋、模板和混凝土施工等应符合《铁路工程基本作业施工安全技术规程》(TB 10301—2009)的相关规定。

怎样才能保障预应力混凝土简支箱梁预制及运架作业施工安全?

(1)预应力混凝土简支箱梁预制及运架施工作业过程中应考虑下列主要危险源、危害因素:

1)制、存梁台座地基承载力不足,周边排水系统不畅。

2)两台起重机起吊重物时指挥不统一,起落和横移不同步。

3)制梁模板安装支撑、连接不牢。

4)特种设备操作人员无证上岗。

5)蒸汽锅炉使用过程中,压力表和安全阀未按规定进行定期校验。

6)预应力张拉未设防护屏障,张拉后撞击锚具、钢绞线束。

7)钢绞线开盘及下料操作防护不当,弹出伤人。

8)箱梁搬(提)、运、架设备未按规定进行定期检查。

9)箱梁搬(提)、运、架设备违章作业。

10)喂梁时运梁车超速运行。

11)架梁作业,架桥机限位装置失灵。

12)运架设备通过的便道、桥涵、路基承载力不足且无加固措施。

13)起落梁时千斤顶的位置不符合设计要求,起落不同步。

14)架梁作业无防风措施;雨季施工无防雷击措施;冬季施工无防滑措施。

15)跨越公路、河道施工时无防护措施。

16)施工现场违章用电。

17)高处作业人员不按规定佩戴劳动防护用品;酒后或疲劳作业。

(2)箱梁搬(提)运架设备安装和箱梁运、架作业,应编制专项施工方案。

(3)箱梁搬(提)运架设备的设计、制造、改造、安装、调试和使用应遵守《特种设备安全监察条例》(国务院令第373号)、《起重机设计规范》(GB/T 3811－2008)等的规定。工地安装完成后,应按照现行国家标准《起重机试验规范和程序》(GB 5905－1986)进行载荷试验,并经当地主管部门验收合格后方可投入使用。

(4)应定期对箱梁搬(提)运架设备进行检查,重要部件(如轮、吊杆、吊钩等)应进行探伤检查。设备发生故障应由专业人员维修处理。

(5)对箱梁搬(提)运架等大型设备,应建立设备技术档案,内容包括:

1)设计文件、制造单位产品质量合格证书、使用维护说明等文件及安装技术资料。

2)设备定期检验和定期自行检查的记录。

3)设备的日常使用情况记录。

4)设备及其安全附件、安全保护装置、测量调控装置及有关附属仪器仪表的日常保养记录。

5)设备运行故障和事故记录。

(6)箱梁搬(提)运架设备必须有自锁、互锁、联锁保护装置，防止误操作。

(7)架梁前，施工单位应根据各自架桥机的特点，制定架桥机安全操作规程及维修保养制度。架梁作业除应符合《铁路桥涵工程施工安全技术规程》(TB 10303－2009)的规定外，尚应符合《铁路架桥机架梁暂行规程》(铁建设〔2006〕181 号)的有关规定。

(8)箱梁预制施工中的锅炉、钢筋、模板、混凝土和预应力施工，箱梁运架施工中的起重吊装、施工用电、现场防火、高处作业、季节性施工等除应符合《铁路桥涵工程施工安全技术规程》(TB 10303－2009)的规定外，尚应符合《铁路工程基本作业施工安全技术规程》(TB 10301—2009)的相关规定。

怎样才能保障预应力混凝土简支 T 型梁预制及运架作业施工安全？

(1)预应力混凝土简支 T 型梁施工作业过程中应考虑下列主要危险源、危害因素：

1)架梁设备不按操作规程安装、使用。

2)起落梁时，梁体两侧无支护措施。

3)使用千斤顶起落梁时违章操作。

4)两台起理机吊梁时，指挥不统一，起落不同步。

5)梁体存放时支垫不牢固。

6)架梁作业区未按规定设置防护设施。

7)架梁时，墩台未安装吊篮、步板、梯子等安全防护设施。

8)架梁前线路未压道，桥头未加固。

9)架梁线路不按规定进行检查维护。

10)架桥机主机对位后,未采取可靠的制动措施。

11)下坡道架梁时运梁车没有可靠的防溜措施。

12)架桥机过孔前,梁片未按规定进行横向连接。

13)横向连接、湿接缝施工无可靠的工作平台或吊篮。

14)高处作业人员不按规定佩戴劳动防护用品;酒后或疲劳作业。

15)跨越公路、河道施工时无防护措施;水上施工无防护和救生措施。

16)架梁作业无防风措施;雨季施工无防雷击措施;冬季施工无防滑措施。

(2)T型梁运、架施工前,应编制专项施工方案。

(3)架梁设备的设计、制造、改造、安装、调试和使用应符合相关内容规定的要求。

(4)T型梁架设除应符合本章规定外,尚应符合《铁路架桥机架梁暂行规程》(铁建设〔2006〕181号)的有关规定。

(5)T型梁预制施工中的钢筋、模板、混凝土和预应力施工,T型梁运架施工中的起重吊装、施工用电、现场防火、高处作业、季节性施工等除应符合《铁路桥涵工程施工安全技术规程》(TB 10303—2009)的规定外,尚应符合《铁路工程基本作业施工安全技术规程》(TB 10301—2009)的相关规定。

怎样才能保障桥位制梁施工安全?

(1)桥位制梁施工作业过程中应考虑下列主要危险源、危害因素:

1)大型非标设备的设计、制造、验收等不符合要求。

2)支架的强度、刚度、稳定性和基础承载力不足,排水不畅。

3)支架搭设完毕后未进行验收;未进行支架预压或预压荷载不能满足设计要求。

4)挂篮拼装和拆除不符合设计要求。

5)挂篮锚固不牢。

6)挂篮移位无限位装置。

7)悬臂吊机节段梁拼装后锚固不牢。

8)移动悬臂吊机无制动装置。

9)多点顶推、集中顶推时控制手段不统一。

10)移动模架拼装过程中支腿横向连接不及时。

11)移动模架过孔时违章操作。

12)移动模架部件焊缝开裂未及时发现处理。

13)移动支架前移没有可靠的限位和制动装置。

14)斜腿刚构拼装时,地锚固定不牢。

15)预应力张拉未设防护屏障。

16)桥位制梁作业无防风措施;雨季施工无防雷击措施。

17)水上施工无防护和救生措施。

18)跨越公路、铁路施工时无防护措施。

19)施工现场违章用电。

20)高处作业人员不按规定佩戴劳动防护用品;酒后或疲劳作业。

(2)桥位制梁前,应编制专项施工方案。

(3)挂篮、移动模架、移动支架等大型非标设备的设计、制造、使用应符合下列规定:

1)必须由有相应资质的厂家进行设计、制造。

2)设备设计、制造厂家应制定明确的非标设备研制方案和验收大纲,由设备制造单位组织相关专家审定。设备的制造过程验收和出厂验收应由设备制造单位依据验收大纲进行。

3)设备进场时应对各构件规格、型号、尺寸和数量进行认真核对,检查构件有无缺损、表面有无损坏和锈蚀、配件和专用工具是否齐备等,并作好记录。

4)设备的安装和安装后的检查、调试均应由设备制造厂家派出专业技术人员全程跟踪指导。

5)非标设备正式投入使用前应进行载荷试验。

(4)在风力达到 6 级以上时,应停止桥位制梁作业。

(5)跨越公路、通航河道作业时,应事先与当地行政主管部门联系,商定有关施工期间的安全事项,并发布公告,按有关规定设置安全防护设施和警示标志。

(6)桥位制梁施工中的起重吊装、施工用电、现场防火、高处作业、季节性施工等应符合《铁路工程基本作业施工安全技术规程》(TB 10301 — 2009)的相关规定。钢筋、模板、混凝土和预应力施工除应符合《铁路工程基本作业施工安全技术规程》(TB 10301 — 2009)的相关规定外,尚应符合相关内容的有关规定。

怎样才能保障桥梁支座安装施工安全?

(1)桥梁支座安装作业过程中应考虑下列主要危险源、危害因素:

1)墩顶未设置栏杆、步梯等安全防护设施。

2)支座在墩顶存放时固定不牢。

3)选用的千斤顶不符合施工要求。

4)顶落梁时违规操作。

5)施工现场违章用电。

6)高处作业人员不按规定佩戴劳动防护用品;酒后或疲劳作业。

7)支座安装无防风措施;冬季无防滑措施。

(2)支座安装前,墩顶及支座锚栓孔中的积雪、冰冻、积水和其他杂物应清理干净,并采取必要的防滑措施。支座在墩顶存放时,要固定牢固。

(3)吊运支座时,墩顶作业人员应待支座稳定后再扶正就位。人工抬运支座时,应协调一致,防止挤压手脚。

(4)简支梁梁体吊装架设前,应先将支座安装在预制梁的底部。上支座板与梁底预埋钢板间不得有空隙。箱梁支座下的灌浆强度达到 20 MPa 后,拧紧下支座板锚栓,并拆除各支座上、下连接钢板及螺栓,再拆除临时千斤顶。

(5)顶落梁所用的油压千斤顶均须附有球形支撑垫、保险圈、升程限孔。共同作用的多台千斤顶应选用同一类型,并用油管并联。油压千斤顶、油泵、油管、压力表等在使用前应分别进行试验。

(6)使用千斤顶顶梁安放支座时,应及时落梁到支座,严禁长时间用千斤顶支承梁体。

(7)顶落梁时,应有保险设施,随着活塞起落及时安放或撤除。两端支点不得同时起落。施顶或纵横移时,应缓慢平稳,各道工序应派专人检查,统一指挥。

(8)连续梁进行体系转换前,必须对支座进行检查。

(9)桥梁支座安装施工中的起重吊装、施工用电、现场防火、高处作业、季节性施工等应符合《铁路工程基本作业施工安全技术规程》(TB 10301—2009)的相关规定。

怎样才能保障钢梁架设施工安全?

(1)钢梁架设施工作业过程中应考虑下列主要危险源、危害因素:

1)钢梁杆件运输、存放和安装过程中不正确使用吊具、杆件捆扎不牢固、不平衡起吊、偏载或超载装运、存放支垫不牢固。

2)支架的强度、刚度、稳定性和基础承载力不足。

3)临时设施等未按要求设置栏杆、安全梯、安全网、脚手板等安全防护设施。

4)作业料具摆放杂乱、随意;上下抛掷传递工具。

5)高处作业人员不按规定佩戴劳动防护用品;酒后或疲劳作业。

6)钢梁纵移滑道、导梁、临时墩等施工临时设施未经设计检算或未按规定进行验收。

7)浮船(船组)载重能力或稳定性不足、连接不牢固,未按规定进行检查验收。

8)浮船(船组)、吊船未可靠锚碇。

9)船上承载支架强度、刚度和稳定性不足,支架、船体、钢梁之间连接不牢固或偏载。

10)悬臂拼装钢梁时平衡梁设计、安装不符合要求。

11)钢梁自身强度不足,悬臂长度超出规定或悬臂端超载。

12)悬臂孔和通航孔未按规定设置安全防护设施。

13)起重机违规冒进或移动后不按规定进行锚固和全面检查。

14)梁上运输车辆走行速度过快或制动、止轮设备性能不足。

15)钢梁涂装材料贮存仓库及施工现场未按规定配备消防器材。

16)跨越公路、铁路施工时无防护措施。

17)水上施工无防护和救生措施。

(2)钢梁架设前,应编制专项施工方案。

(3)钢梁杆件(节段)的运输应符合下列规定:

1)运输和安装应正确使用吊具。装运杆件时,应捆扎牢固,不得偏载和超重。

2)施工现场的运输轨道纵坡不得大于2‰,安全标志应设置完备。

(4)杆件应分类存放,临时支垫要牢稳。横梁、纵梁多片排列存放时,应用螺栓彼此连接牢固,并设支撑。

(5)预拼场地应平坦宽敞,路面坚实,具有良好的排水系统。预拼台座应平整、坚实,不得产生不均匀下沉。

(6)拼装钢梁的各种电动机械的动力电缆和照明线路应绝缘良好。手持电动工具电源处应加装漏电保护器。

(7)需要起吊的钢梁杆件应标明重心;吊具与杆件拐角接触处,应用胶皮垫好。

(8)钢梁架设过程中应有防雷、防滑、防高强螺栓摩擦面污染措施。钢梁桥面应配备足够的消防器材,不得采用明火取暖。

(9)在风力达到5级时,不得进行架梁作业。在风力达到4级时,不得进行涂装作业。

(10)钢梁架设施工中的起重吊装、施工用电、现场防火、危险物品管理、高处作业、季节性施工等应符合《铁路工程基本作业施工安全技术规程》(TB 10301—2009)的相关规定。

怎样才能保障拱桥作业施工安全？

(1)拱桥施工作业过程中应考虑下列主要危险源、危害因素：

1)缆索吊未按规定进行验收。

2)使用缆索吊运送施工人员。

3)缆索吊操作人员无证上岗。

4)不按规定对缆索吊系统进行检查、维护。

5)支架、拱架的强度、刚度、稳定性和基础承载力不足。

6)吊装拱肋前不按规定进行试吊。

7)拱段起吊时未捆扎牢固或不平衡起吊、超载起吊。

8)拱肋吊装时无统一指挥。

9)拱肋及横撑安装时作业料具随手抛掷。

10)两层或多层上下交叉作业。

11)吊杆张拉时锚头未连接牢固即松除吊钩或张拉顺序不当。

12)高处作业人员不按规定佩戴劳动防护用品；酒后或疲劳作业。

13)支架、拱架、墩顶、作业平台等未按规定设置安全防护设施。

14)跨越公路、铁路施工时无防护措施。

15)水上施工无防护和救生措施。

(2)拱桥施工前，应编制专项施工方案。

(3)拱桥支架应经专门设计，具有足够的强度、刚度和稳定性，支架基础应有足够的承载力。支架应有可靠的落架装置，必要时应作预压试验。

(4)跨越道路的拱桥施工应符合相关内容的规定。

(5)拱桥施工中的起重吊装、施工用电、现场防火、高处作业、季节性施工和钢筋、模板、混凝土施工等应符合《铁路工程基本作业施工安全技术规程》(TB 10301—2009)的相关规定。

(6)缆索吊应进行专门设计。

(7)缆索吊应设垂直起吊和水平运输限位装置。

(8)塔架构件、起重机具等进场前，应进行检验验收，符合设计要求后方可使用。

(9)安装时应按设计要求进行。缆索跨越公路、铁路等既有障碍物时,应搭设架空支架,并拉好支架风缆。

(10)安装完成后,应进行静、动载试验。试验合格后,方可使用。

(11)牵引卷扬机启动应缓慢,行进速度应平稳,起重卷扬机要协调配合。起重作业人员应等吊运构件到位稳定后,方准进行作业。

(12)除正常检修和维护保养外,严禁使用缆索吊运送人员上下班或进行其他作业。

(13)严禁在制动不良的情况下起吊作业;严禁斜拉、斜吊和超载起吊。

(14)滑轮和索道系统如有冰雪时,应采取措施碾除索道和滑轮上的冰雪。

(15)吊物悬空时,严禁起重司机离开操作台。

(16)塔架及风缆、缆索系统、锚碇系统、起重装置等应经常检查维护,确保使用安全。

怎样才能保障桥梁转体作业施工安全?

(1)桥梁转体施工作业过程中应考虑下列主要危险源、危害因素:

1)转体锚固体系锚固力不足。

2)转动体系、锚固体系和动力体系在施工期间未按规定进行检查维护。

3)竖转场地、设施及设备未进行试运转。

4)转体时转动速度不均衡,转动过程中监控不力。

5)未按规定设置必要的安全防护设施。

6)未对相关人员进行施工前培训。

7)跨越公路、铁路施工时无防护措施。

8)施工现场违章用电。

(2)桥梁转体施工前,应编制专项施工方案。

(3)转体施工前必须与当地气象部门进行联系,掌握施工期间的天气情况,天气恶劣影响正常施工时不得进行转体施工。

(4)桥梁转体的转动体系、锚固体系、动力体系等应进行专门设计。

(5)施工期间,转动体系、锚固体系、动力体系等应经常检查,确保使用安全。

(6)桥梁转体施工中的起重吊装、施工用电、现场防火、高处作业、季节性施工和钢筋、模板、混凝土、预应力施工等应符合《铁路工程基本作业施工安全技术规程》(TB 10301—2009)的相关规定。

怎样才能保障涵洞、渡槽、倒虹吸作业施工安全?

(1)涵洞、渡槽、倒虹吸施工作业过程中应考虑下列主要危险源、危害因素:

1)基坑开挖不按规定放坡。

2)挡板支撑不符合规定要求。

3)起重吊装作业违规操作。

4)支架搭设、模板固定不牢固。

5)倒虹吸管竖井上口未加盖,下口无防护栏。

6)跨越公路、铁路施工时无防护措施。

7)高处作业人员不按规定佩戴劳动防护用品;酒后或疲劳作业。

(2)涵洞、渡槽、倒虹吸施工中的施工用电、现场防火、高处作业、季节性施工和钢筋、模板、混凝土施工等应符合《铁路工程基本作业施工安全技术规程》(TB 10301—2009)的相关规定。

怎样才能保障营业线桥涵施工安全?

(1)营业线桥涵施工必须严格执行现行《铁路运输安全保护条例》、《铁路技术管理规程》、《铁路营业线施工安全管理办法》、《铁路工务安全规则》、《铁路桥隧建筑物大维修规则》、《改建既有线和增建第二线铁路工程施工技术暂行规定》等有关规定。

(2)营业线桥涵施工应考虑下列主要危险源、危害因素:

1)施工前未按规定办理相关手续;施工未列入铁路部门施工计划。

2)施工人员未按规定进行教育培训。

3)施工前未进行地下管线等的探测。

4)上道作业时无专人防护;来车时不按规定下道避车。

5)防护员、驻站联络员违反工作制度。

6)机械设备、材料等侵入限界。

7)在电气化区段施工时未按规定停电作业。

8)在自动闭塞区段施工时工具、设备未采取绝缘措施。

9)对无缝线路加固时未进行应力放散。

10)线路封锁施工时,不按批准的项目施工或超前准备、超范围施工。

11)慢行条件下施工时,无防护人员值班。

12)顶进挖土时违反规定要求,造成路基坍塌。

13)线路加固时,支点深度不够。

14)营业线改建桥涵施工时,未对既有桥墩台采取防护加固措施。

15)营业线增建二线桥涵施工时,未采取合理措施,影响营业线桥涵和路基稳定。

16)跨线桥施工时设备安全系数不足。

(3)营业线桥涵施工前必须编制专项施工方案。

(4)营业线施工方案必须经铁路相关部门审批,施工单位与设备管理单位和行车组织部门签订施工安全协议和配合协议,铁路运输部门纳入月度施工计划后,方可组织施工。影响行车安全的施工,必须在设备管理单位监护下进行。

(5)营业线上施工影响原运输区段限界的,必须根据机车车辆限界,制定施工临时限界并按规定上报铁路相关部门审批。施工中搭设的脚手架、堆放的工程材料或机具设备等,严禁侵入施工临时限界。

(6)主要管理人员必须经过铁路施工专业培训，经考试合格后方可任职。驻站联络员及工地防护员必须经过铁路施工安全培训，考试合格后持证上岗。

(7)施工前，施工单位和设备管理单位应现场划定地下管线位置范围。在设备管理单位监护人员监护下，对管线进行探测，挖探沟确定其准确位置。地下管线探挖不得使用机械，对已暴露的管线必须采取保护措施。

(8)凡涉及到营业线施工必须按规定设置防护。驻站联络员与工地防护员必须严格执行"呼唤、应答"和"预报、确报、复诵"制度。

(9)营业线桥涵施工中，施工单位和设备管理单位应监视与保持线路、桥涵等建筑物处于完好状态，发现异常必须立即停工处理。

(10)所有施工人员上道作业，必须按规定着装，及时按规定下道避车。应加强对机具设备和物资材料的管理，不得侵限，并应设专人看守。

(11)安全保护区内的施工应纳入营业线施工管理，机械设备必须设专人监护，防止侵限。打桩机、旋挖钻、吊机等高大机械设备必须采取防倾覆措施。

(12)在电气化区段，作业人员及其携带的物件与接触网带电部分的距离必须保持在 2 m 以上，不足 2 m 时，应在接触网停电后作业。在距接触网带电部分 2～4 m 的范围内施工时，接触网可不停电，但须有设备管理单位的有关人员在场监护。在接触网支柱及接触网带电部分 5 m 范围以内的金属结构上均须装设接地线。

(13)在自动闭塞区段施工时，应保持轨道线路绝缘良好。工具、设备应采取绝缘措施，防止轨道电路短路。

(14)当对无缝线路加固时，必须进行应力放散。

(15)在设有防护网区段施工，如需临时拆除防护栅栏，必须设专人 24 h 看守，闲杂人员不得进入防护栅栏内。

(16)线路封锁施工应符合下列规定：

1)按批准的线路加固方案做好各项准备工作，确认信号设备、机具、材料齐全完好，防护设施和人员到位。严格按批准的施工项目施工，严禁超前准备和超范围施工。

2)严格落实要点登记手续，行车调度发布命令后方可施工。

3)开通前,应进行安全质量检查,确认线路设备状态达到开通条件,及时办理销点手续。

4)开通后,应安排专人巡查整修线路,保持线路处于良好状态。

(17)慢行条件下,应安排防护人员昼夜值班,配齐防护用品,规范上岗接车;设置测速仪,发现列车超速时,应迅速报告有关部门,并作好记录。

(18)营业线桥涵施工中的起重吊装、施工用电、现场防火、高处作业、季节性施工和钢筋、模板、混凝土、预应力施工等除应符合《铁路桥涵工程施工安全技术规程》(TB 10303－2009)的规定外,尚应符合《铁路工程基本作业施工安全技术规程》(TB 10301—2009)的相关规定。

(19)新建墩台应符合下列规定:

1)施工时,应对既有墩台采取防护措施,不得影响既有墩台的安全。

2)旧桥墩采用爆破拆除时,应制定安全措施;人工凿除混凝土时,施工人员必须戴护目镜。

3)采用便梁加固线路时,临时支墩应安全可靠。施工过程中,应加强对便梁支墩的防护。

(20)桥墩台顶帽加高或落低时,应符合下列规定:

1)在作业处搭设脚手平台,安装栏杆和上下梯子。

2)顶梁时严禁两端同时施顶;同一端使用的两个千斤顶,其规格、型号、起落速度应一致,保持梁体平衡;千斤顶使用前应经过检验;每次升降顶程不得超过 10 cm。

3)顶梁时应设置垫木等保险装置,随顶随支;用木楔支垫时,不得使桥梁受力不均。

(21)桥梁横移时,滑道应按设计布置,桥梁两端采用相同型号的动力设备,同步滑移,协调一致。

(22)换梁后,应及时恢复线路,确保行车安全。

(23)小桥涵改建成框架桥应符合下列规定:

1)框架桥应采用顶进施工,对梁体采取便于拉出的支顶方案,边顶边拆,确保加固线路的安全稳定性。

2)既有桥涵混凝土应采用机械破碎、静态爆破或控制微裂爆破拆除。

(24)桥面铺设前,两侧应设防护栏杆。

(25)围栏、吊篮、人行道和避车台支架的安装,应采用跨度不大于 2 m 的挂钩脚手架,脚手板固定在脚手架上。

(26)明桥面施工期间,桥下严禁人员及机械设备停留或通过,确需通过的,应在桥下增设防护棚架。

(27)人行道板安装时,正反两面应放置正确,安装牢固。桥面的检查梯孔口盖板,应随时盖好。

(28)声屏障施工应符合下列规定:

1)单元板存放、运输及装卸过程中,应保证板正立,使用临时支架应保证单元板不受损伤。装卸时各吊点或支点应受力均匀,各吊点或支点应位于同一平面。

2)安装时应有防风、防坠落措施,桥下应设防护。

(29)遮板施工时,桥下应设防护。遮板吊装就位并与预埋钢筋焊接牢固后,方可松除吊钩。

(30)在有工程列车通过的桥上安装作业时,应安排专人防护,加强人员、材料、机具管理,及时下道避车,防止侵限。

(31)施工期间,桥头应封闭或派人看守,禁止闲杂人员上桥。

(32)砌筑片石锥体护坡时,严禁将片石从上面往下翻滚。

(33)砌筑采用人工抬石就位时,应捆绑牢固,动作一致,缓慢下放。砌块应用撬棍拨移,不得将手脚伸入拼砌面。

(34)采用小起重机吊送石料至砌筑面时,小起重机机座应固定牢靠。石料吊送到砌筑面时,施工人员应避让。

(35)砌筑桥台护坡时,应采用马凳及跳板等配合施工,马凳应摆放牢靠。

怎样才能保障桥面系及附属工程施工安全?

(1)桥面系及附属工程施工作业过程中应考虑下列主要危险源、危害因素:

1)桥面未设防护栏杆。

2)围栏、吊篮、人行道和避车台支架等安装不牢固。

3)未按规定设置防坠物设施;无防风措施。

4)有工程列车通过的桥上施工时无专人防护。

5)砌体施工时石料放置不稳;人员违规操作。

(2)桥面系及附属工程施工中的起重吊装、施工用电、现场防火、高处作业、季节性施工和钢筋、模板、混凝土、砌体工程施工等应符合《铁路工程基本作业施工安全技术规程》(TB 10301 — 2009)的相关规定。

第六章

铁路通信、信号、电力、电力牵引供电工程施工安全

怎样才能保障通信作业施工安全？

(1)通信工程施工应考虑下列主要危险源、危害因素：

1)光电缆施工防护不当。

2)工具、材料侵限。

3)电缆接续、割接错误，零线与保护地合设、电源的正负极接错及外电源引入质量不良，通信数据未备份。

4)室内施工使用电器产生明火，室内施工损伤既有设备。

5)无线通信铁塔组立、天线安装未防护。

6)机车天线安装未防护。

7)当采用综合接地时，未与综合接地系统的贯通地线进行等电位连接。

8)系统的防雷、电磁兼容及接地不彻底。

(2)通信工程中的系统割接、无线铁塔安装等工序，以及既有通信工程改造中的影响行车和既有设备安全、新建设施开通等施工项目为重大危险源，应制订专项施工方案，并按规定进行审批或备案。在涉及重大危险源施工时，施工单位专职安全管理人员应进行现场指导，监理单位应进行旁站监理，设备管理单位应进行现场监护。

(3)工程开工前，应与相关部门签定安全施工协议，办理开工报告。

(4)营业线上施工时，应执行铁路有关营业线施工确保行车安全的规定，减少对铁路运输及安全的影响。对通信设备的搬迁、割接、改线和倒替，应取得有关部门批准并应尽量缩小设备停用范围和时间。

(5)光电缆接续、测试、高处作业等特殊工种和重要工序的作业人员应按相关规定持证上岗。

(6)在雷雨、冰雪、能见度低以及6级以上大风等环境恶劣条件下严禁高处作业。

(7)在营业线施工作业应严格执行"三不动、三不离"("三不动":未联系登记好不动,对设备性能状况不清楚不动,正在使用中的设备不动;"三不离":工作完了、不彻底试验良好不离,影响正常使用的设备缺点未维修好前不离,发现设备有异状时、未查清原因不离)的规定。

(8)使用起重机等大型机械进行搬运、吊装等作业前,应核实机械设备状态正常符合使用要求。搬运、吊装的作业半径不得侵入铁路建筑限界。使用人力进行搬运等作业时,必须配备足够的人力。

(9)夜间施工应有良好的照明条件。

(10)桥梁上作业应符合下列安全要求:

1)在营业线桥梁上施工时应由专人负责统一指挥,并配备良好的通信设备。

2)在桥梁墩台上施工必须有防护设施,桥梁上应设有专人防护。

3)当在桥墩台侧面钻孔时如作业空间不够,应搭设作业台,作业台应安全可靠,并应有护栏。

4)当有列车通过时应停止工作,施工人员避让到安全地点。

5)作业人员工作必须佩戴安全帽,上下传递料具应用绳索吊工具袋进行。

6)桥上下运送物料和工具时,应采用吊装运输,严禁抛掷。

7)在桥栏外和桥墩上施工时,应符合高处作业安全的相关。

(11)隧道内作业应符合下列安全要求:

1)在隧道内施工时应设防护、由专人负责统一指挥,并配备良好的通信设备。

2)应备有安全可靠且满足照度要求的照明设备。

3)作业台上放置的材料和工具,应有防止脱落的安全措施。

4)隧道内材料堆放不应侵入限界,堆放处应设反光标志。

5)有列车通过时应停止作业。

6)隧道内直放站、中继器、电源等设备安装位置和方式应符合设计要求，并应牢固可靠、接地良好。

7)施工完毕后，应指派专人进行检查，确保所有作业项目可靠固定，全部施工人员和剩余物料撤离现场。

(12)桥隧打孔、灌注及埋入件安装作业应符合下列安全要求：

1)桥、隧道接缝处严禁打孔。

2)使用化学锚栓，药剂应在有效期内。化学锚栓、膨胀锚栓操作必须按照使用说明书进行。

3)灌注化学锚栓前，必须清除孔内所有的灰尘及水分，孔内不得有任何的杂质或油污。

4)安装化学锚栓后，检查安装是否牢固。

5)隧道内打孔时，应采用湿式作业方法或其他除尘措施。

(13)通信箱式机房的施工应符合下列安全要求：

1)箱式机房的运输应符合《铁路轨道工程施工安全技术规程》(TB 10305－2009)的相关规定。

2)箱式机房的电缆引入口在电缆引入完成后，必须按照规定进行电缆引入口的封堵。

3)箱式机房必须按规定进行接地连接。接地连接完成后方能进行机房内的设备安装，各柜、架、盘等必须按规定的对应位置进行安装，并做好接地连接。

怎样才能保障信号作业施工安全？

(1)信号工程施工发生下列情况之一为主要危险源及危害因素：

1)未与设备管理单位和行车组织单位签订施工安全协议。未调查了解既有信号设备类型和使用情况。

2)施工及施工过渡、开通方案不合理或未按批准的方案实施，未制定应急预案。

3)挖沟、坑前未对地下设施进行调查，应采取相应的防护措施，避免造成挖伤、挖断光电缆现象发生。

4)过渡施工未对新设备与既有设备结合部位查线摸底,确认实物与图纸是否相符。

5)信号电缆绝缘不良,设备配线错误。

6)施工借用既有信号电缆、电源。

7)工具、材料放置侵限或使轨道电路短路。

8)道岔调整不密贴。在非正常行车施工中,工务钉固道岔的转辙机未甩杆、未断开安全接点、未切断启动电源。

9)竖立或拆除高柱信号机柱时未登记要点及按规定设置防护。

10)尚未开通的信号机不打无效标或漏光。

11)高空作业未佩戴安全帽及安全带。

12)机械室施工无防火措施。

13)采用封连线或其他手段封连使用中的各种信号设备电气接点。

14)信号联锁、列控及列车调度指挥/调度集中等系统未试验或试验不彻底。

15)新开通线路,可能造成分路不良的轨道区段未登记。

16)设备开通前信号设备变化资料未按规定上报公示。

17)在营业线上安装、更换钢轨绝缘时未登记要点;电力牵引区段更换轨道设备需断开轨道牵引回流通路时,未执行先通后断原则。

18)营业线施工,未对既有设备进行可靠防护。

19)在营业线线路上施工,未按规定设置列车和人身安全防护。

20)营业线施工,设备管理单位监护人员未到位,擅自施工。

(2)电缆开挖、敷设、地下接续等隐蔽工程施工,站场改造过程中影响行车和既有设备安全的联锁修改、过渡开通等施工项目为重大危险源,应制定专项施工方案,并按规定进行审批或备案。在涉及重大危险源施工时,施工单位专职安全管理人员应进行现场指导,监理单位应进行旁站监理,设备管理单位应进行现场监护。

(3)信号施工时不得将材料、工具物品放置在道岔、钢轨以及其他任何妨碍行车安全的地点,防止材料、工具将轨道电路短路。

(4)信号设备安装不得侵入铁路建筑限界。

(5)使用起重机等大型机械进行搬运、吊装等作业前,应核实机械设备状态正常并符合使用要求。搬运、吊装的作业半径不得侵入铁路建筑限界。使用人力进行搬运等作业时，必须配备足够的人力。

(6)信号施工使用的新设备、新材料，应由建设单位组织设计单位、新设备新材料供应商，对施工单位、监理单位进行施工工艺方法培训及施工安全技术交底，并进行样板施工的安全监督指导。

(7)进行轨道钻孔作业时，必须使用专用钻孔设备。钻孔设备电源应采用发电机电源，不得借用既有信号设备的电缆、电源。发电机应放置在线路外侧 2 m 以外。电源线横过线路钢轨时，应从钢轨底部穿过。如中间停止作业时，应设专人看守或即时收回。

(8)在无砟轨道的轨道板、道床板、防护墙、隧道壁等混凝土构件上钻孔作业时，应经相关单位同意后进行，钻孔前应进行钢筋探测，钻孔的深度不得大于规定值。

(9)新增信号设备需接入既有电源屏时，设计单位应会同设备管理单位、施工单位核实确认电源屏的容量。

(10)设计单位在进行软件设计时应采取网络安全、计算机系统防病毒保护措施。相关单位在系统调试时应进行相应试验，试验过程中不得影响运行中的信号系统。

(11)夜间信号工程施工应有良好的照明条件。

(12)信号专业与其他专业进行交叉施工时，应由监理工程师进行统一协调，保证施工安全。

(13)营业线施工时登销记程序和安全防护应符合《铁路营业线施工安全管理办法》的相关规定。人员和设备进入机械室前应按有关规定办理登记手续。

(14)营业线信号工程施工前，施工单位应与设计和设备管理单位核查设备情况，共同落实地下管线、既有电缆的准确位置，确定防护措施和防护范围。施工单位和设备管理单位应加强监护。

(15)在营业线进行信号设备拆卸、安装、更换、测试、移动设备作业施工时，应严格执行“三不动、三不离”的规定。

(16)营业线信号工程施工进行设备搬运时，如影响行车必须要点进行。

(17)营业线上组立电杆和信号机柱时，应在天窗点内施工并设好安全防护，组立后不得侵入铁路建筑限界。

怎样才能保障电力作业施工安全？

(1)电力工程施工的主要危险源及危害因素：

1)深基坑开挖无防护。

2)居民区基坑开挖未按规定设置警示标志。

3)重大物资搬运未采取稳固防护措施。

4)变压器及箱式变电所吊装。

5)在高边坡、长大隧道内、特大桥上的施工作业无防护。

6)在运行中的高、低压电力设备上的施工作业防护措施不到位。

7)高处作业物体坠落打击。

(2)箱式变电所、过轨顶管施工，地形陡峭、坡度过大的重物搬运，灯塔、灯桥的吊装，以及既有电力改造工程中将影响行车和既有设备安全的作业、跨越架搭设、新建设施开通等为重大危险源，应制定专项施工方案，并按规定进行审批或备案。在涉及重大危险源施工时，施工单位专职安全管理人员应进行现场指导，监理单位应进行旁站监理，设备管理单位应进行现场监护。

(3)公路运输、装卸超长、超高或超大电力物资、设备时除应符合《铁路工程基本作业施工安全技术规程》(TB 10301—2009)的相关规定外，尚应遵守下列安全要求：

1)物资、设备重心与车厢承重中心应基本一致。

2)易滚动的电力物资顺其滚动方向应用木楔掩牢并捆绑牢固。

3)用超长架装载超长物资设备时，在其尾部应设置警告标志，超长架与车厢固定，物资设备与超长架及车厢应捆绑牢固。

4)运输过程中应限速行车，押运人员应加强途中检查，防止捆绑松动；通过山区或弯道时，防止超长部位与山坡或行车道及树木碰刮。

5)钢筋混凝土电杆卸车时，车辆不得停在有坡度的路面上。每卸一根，其余电杆应掩牢；每卸完一处，剩余电杆应绑扎牢固。

(4)设备开箱检查及安装过程中，严禁用硬物碰撞设备表面，尤其应加强对电瓷产品和电瓷附件的安全防护。

(5)高边坡上作业前应首先对边坡危石等不稳定体进行处理，并在作业面上方设置防护措施。

(6)隧道内作业应保证照度充足、通风良好、排水畅通，并采取必要的安全措施。在长大、瓦斯隧道内施工应制订相应的施工组织方案和安全防护措施。

(7)多人同登一个构架柱或爬梯作业不得同时上下，且同一垂直面内严禁上下同时作业。

(8)挖坑作业应符合下列安全要求：

1)施工前，施工单位应与地下设施和设备管理单位签订施工安全协议书，设备管理单位应向施工单位现场划定地下埋设物位置范围。施工单位并按规定逐级交底到施工作业人员；作业时，设备管理单位应进行现场监护和指导。

2)当基坑靠近房屋、围墙时，应由施工技术人员调查后，提出具体的施工防护方案并组织实施，否则禁止开挖，避免由于坑壁不稳造成房倒墙塌，伤及人员。

3)坑边不得放置重物和工具，弃土应距坑边 0.6 m 以外，堆土高度不应超过 15 m；深基坑内作业人员必须戴安全帽。

4)碎石、工业或建筑垃圾、沙层、高水位地层及在开挖过程中会发生坑壁坍塌危险的基坑，必须在开挖时对坑壁进行防护支撑。

5)特殊地质情况，设计单位应提出基坑开挖的指导性意见。

6)当开挖位置有地下电缆、管道时，应采取必要的探测措施或轻挖轻刨；当接近深度时，应从设备及设施路径两侧轻挖，禁止用镐刨。

7)在基坑开挖过程中，出现裸露电缆应采取防护措施，用木板进行硬防护，保证电缆不受力，上下基坑时严禁借力或踩踏。

8)在土质松软地带挖坑时应采用防护板或沉箱等加固措施，或按斜坡形开挖；斜坡形开挖坡度的大小应根据土壤的性质、湿度及坑深确定。

9)开挖主变基础坑时，同时作业的人员之间应保持不小于 2 m 的距离，且不得相对进行刨土作业。

10)基坑作业应在基坑作业周围设置围栏、围挡等防护和警示标志,夜间设置红色警示照明标志。

(9)采取爆破方法开挖基坑时,除应符合现行《铁路基本作业施工安全技术规程》(TB 10301－2009)的有关规定外,尚应符合下列规定:

1)在路基、桥梁、房屋等重要建筑物及通信、信号设备附近进行基坑爆破时,应根据安全距离要求、坑深及地质的具体情况采用控制爆破技术。

2)变、配电所内的设备尚未安装,且已对所内存放的设备和器材采取了有效的防护措施。

(10)大型设备基础浇筑应符合下列要求:

1)浇筑前应清理干净坑内杂物,并对基坑进行安全检查,检查基坑的稳固程度。有塌方危险的基坑应进行修复。

2)在支撑模型板前应确认坑壁无裂缝和坍塌的危险,距坑口边沿1 m范围内不得堆放料具。

3)基础模型板的安放位置及稳定性应符合规定。

4)需架设作业平台时,所用材料的规格应能满足作业平台的最大承载能力。

5)绑扎基础钢筋时应按施工设计规定摆放钢筋,支撑应牢固,不得踩踏钢筋造成移位。

6)钢筋骨架起落时,下方不得行走站人。

7)采用人力翻斗车运送砂石料时,前后车应保持一定距离。双手应扶牢车把倒料,严禁双手脱把,防止翻车伤人。

8)用车子向基坑或料斗倒混凝土,应有挡车措施,不得用力过猛和撒把。

9)浇筑混凝土使用的溜槽及串筒节间必须连接牢固。操作部位应有护身栏杆,不得直接站在溜槽边上操作。

10)使用振捣器应穿胶鞋,湿手不得接触电开关,电源线不得有破皮漏电。

11)坑内有人捣固或进行其他作业时,坑上应有人防护,防止石砟落下伤人。

12)混凝土搅拌机在运行中,不得将工具伸入筒内清料;进料斗升起时，严禁在料斗下通过或停留。

13)混凝土搅拌机停用时，升起的料斗应插上安全插销，或挂上保险链。

14)基坑内有电缆、管道时应进行防护，严禁把电缆、管道与基础浇制成一体。

(11)起重机组立构架时，应符合下列安全要求：

1)竖立构架前应对该施工区域的电力线、通信线、桥隧等情况进行施工调查。

2)构架电杆堆放地点应平坦、坚实，支柱堆放应整齐、稳固，按规定位置设置垫木。

3)起重机司机应掌握所吊电杆的重量，防止吊机超负荷而发生倾覆事故。

4)立构架时，支柱倾斜度不应太大，防止坑壁因承受压力过大而造成塌坑，发生支柱倾倒事故。

5)竖立构架时，构架基坑内不得有人。

6)构架立起后，如需下坑工作时，应装好支柱整正器，确认坑壁稳固、无塌陷危险。坑内有人时不得移动支柱。

7)向坑内放置横卧板时，坑内不得有人。

8)构架柱整正后应及时回填，填土要分层夯实，每回填不大于0.3 m，应夯实一次。冬季回填土时，不得掺杂冰雪块等。在构架柱整正回填完成前，不应拆除整杆器。

9)整正器使用时，应用力均匀，注意平衡两整正器的动作，不得猛拉猛推，以防将构架柱折断。

10)整正钢柱时，地脚螺栓的螺母只可松动，不得卸下。

(12)人工组立构架时，应使构架缓慢立起，各方向的晃绳应绑扎牢固，稳固构架的晃绳应绑扎在牢固可靠的地锚上。

(13)变、配电所电气设备安装应符合下列要求：

1)起重工作开始前，应检查起吊、运输工具的质量是否良好，钢丝绳接头处是否牢固，不符合要求的严禁使用。

2)在起吊、牵引过程中，吊臂、钢丝绳的周围、下方、内角侧和起吊物的下面，严禁有人逗留或通过。

(14)变压器安装应符合下列安全要求：

1)变压器的起吊、装卸和运输,应有专人负责指挥。

2)吊装吊绳应挂在变压器厂家指定的起吊位置,正式起吊前应进行试吊。变压器离开地面时,应暂停一下,进行安全检查。

3)严禁在变压器长轴一侧的两端同时顶升变压器。

4)用千斤顶或跨顶顶升变压器时,必须随时在变压器下垫以坚实的木板,以防止千斤顶或跨顶发生故障时,变压器倾斜翻倒。

5)充氮运输的变压器,安装时应采用由器身底部放油阀向器身内部充入新鲜空气的方式进行排氮操作。未经充分排氮前,施工人员不得进入器身内作业。进入器身内作业时,通风及照明设施应良好且接地可靠,并有专人监护。

6)充油运输的变压器,从器身向外排油时,在打开器身底部放油阀前,应首先打开器身顶部的任一法兰盖板或放气塞,防止器身内部形成真空而发生变形。

7)未移开钟罩或做出可靠支撑前,严禁在钟罩下方进行任何操作。

8)对变压器进行热油循环干燥处理时,工作人员不得离开干燥操作现场,并应随时监视及控制干燥温度。干燥现场不得存放易燃物品,并应配备消防灭火器材。

(15)断路器安装应符合下列安全要求:

1)调整弹簧操动机构时,应使用专用工具,不得徒手直接操作。

2)进行断路器调整,调整人员应避开触头测量杆(管)的行程范围。

3)安装或连接六氟化硫断路器的水平传动杆及保护管时,不得在操动机构储能且未闭锁的情况下直接连接。

4)对六氟化硫断路器进行充气时,其容器及管道应干燥,工作人员应戴手套和口罩。

5)在断路器调整过程中,操动机构应有专人进行操作,每次合闸之后应将脱扣闭锁板直接锁住。

6)不得在有压或储能状态下,对液压或弹簧储能机构进行拆装检查工作。断路器及其传动装置进行测量检查时,操作人员应避开开关可动部分的动作空间。

7)放松或拉紧开关的储能及自动释放弹簧时,应使用专用工具，不得徒手操作。

(16)在电容补偿柜安装电容时，应对电容器进行充分放电，并将引线端子短连后进行安装。

(17)隔离开关在调整时，应避开开关触头的活动范围，不得蹬踏传动杆。

(18)安装阀型避雷器时不得蹬踏避雷器，不得利用敲击的方法将避雷器计数器回零。

(19)配制碱性蓄电池电解液时，应将氢氧化钾慢慢倒入水中，严禁将水倒入氢氧化钾中。

(20)各种组合电器安装应符合下列安全要求：

1)正式安装前，严禁打开各种组合电器的任一法兰盖板或阀门，防止组合电器密封破坏，引起受潮。

2)在组装过程中，所有打开的法兰盖板应进行临时遮盖，避免污物进入器身内部。

3)安装组合电器的房间内，配套安装的监测、监控装置和自动通风机系统应动作灵敏可靠，报警声光信号显示正确。

4)搬运 SF_6 气瓶应轻装轻卸，严禁溜放抛掷。气瓶应存放在防晒、防潮并不得靠近热源和其他危险源的地点，且应通风良好。

(21)盘、柜搬运和安装应符合下列安全要求：

1)对重心不稳的盘、柜，在安装固定前，应有防止倾倒的措施，安装就位后应立即拧紧固定螺栓，不得浮放。

2)盘、柜搬运安装时，应防止挤压手、脚和损坏盘、柜上的设备。

怎样才能保障电力牵引供电作业施工安全？

(1)牵引变电所工程应考虑下列主要危险源、危害因素：

1)基础坑开挖易出现软土质，现场反映情况不及时，造成与设计不符状态，给基础浇筑和电杆组立产生隐患。

2)组立电杆时由于晃绳绑扎不牢固，易造成电杆倾倒、摔杆。

3)避雷针组立未配重或配重不足，造成一次组立不能完成或倾倒。

4)悬挂母线时安全措施不到位,造成母线或器具脱落伤人。

5)大型设备运搬、吊装组织措施不得力或缺乏实践经验,在基础上拆卸运输器具,由于基础顶面受地方狭窄限制,容易造成恶性事故。

6)调整断路器未按规定或产品说明书操作,极易造成人员受伤。

7)变电所受电开通程序交底不详、不彻底,给现场操作造成混乱,极易发生人身伤亡事故。

(2)接触网工程应考虑下列主要危险源、危害因素:

1)施工过程中,通信不畅;施工要点未执行规定。

2)施工要点完毕,作业车组未执行联挂安全措施。

3)销点前未检查确认是否达到放行列车条件。

4)施工作业前未对使用料具进行安全检查。

5)基坑开挖及接地极埋设过程中未探明地下管线位置。

6)流沙塌方基坑开挖未采取有效措施。

7)未按规定和要求操作使用接触网作业车辆。

8)施工材料、设备、工器具侵限。

9)长大硬横梁吊装,未采取防止下滑措施。

10)承力索、接触线架设后未采取安全措施。

11)在列车运行速度 160 km/h 以上且线间距小于 6.5 m 复线地段,进行承力索或接触线拆除、架设作业时,未采取有效措施。

12)冷滑试验未编制专项方案或不按方案实施;冷滑试验前未准备抢修作业人员、材料及工器具。

13)停电作业施工未严格执行停电作业程序。

14)营业线施工未与相关配合单位签订安全配合协议。

(3)施工单位在运输和安装箱式开闭所(分区所、AT 所)、高压组合电器、变压器、长大硬横梁,营业线附近开挖流砂塌方坑,既有电气化改造中的影响行车和既有设备安全、新建设施开通等施工项目为重大危险源,应制订专项施工方案,并按规定进行审批或备案。在涉及重大危险源施工时,施工单位专职安全管理人员应进行现场指导,监理单位应进行旁站监理,设备管理单位应进行现场监护。

(4)施工过程中,施工单位应加强安全管理工作:

1)在编制施工组织设计时，应针对具体施工项目，制订有针对性的安全技术措施；下达施工计划的同时，应根据项目特点下达安全措施。

2)工程技术人员应对每个单位、分部、分项工程进行施工技术及安全注意事项交底，交底材料应采用书面形式。

3)工程技术人员进行技术交底时，应同时强调相关的安全注意事项以及应该采取的安全技术措施，并将交底内容记入工程日志。

(5)接近营业线施工的机械设备，应设专人监护，防止侵限刮碰列车。

(6)施工时不得侵入未封锁的邻近线路建筑限界。

(7)施工完成后，应清理施工料具，确认不影响行车后方可撤离施工现场。

(8)新增设备在带电前应向建设单位提出带电申请，通报新带电设备地点、范围，应向新带电设备附近居民做好宣传工作，并在现场醒目位置做出标志；在未得到批准前，严禁向新增设备送电。

(9)接触网作业车的使用除应符合《铁路基本作业施工安全技术规程》(TB 10301－2009)有关轨行车辆的规定外，尚应符合下列安全要求：

1)非作业运行时，作业平台上不得有人。

2)作业架升、降时不得上下人。

3)当邻线未封锁时，作业车任何部位不得侵入邻线建筑限界。

4)作业人员在作业平台上安装作业时，不得升、降、旋转作业平台。

5)作业车的作业平台应降到安全高度后方可运行。

6)作业平台的操作控制，必须设专人控制。

(10)车梯的使用应符合下列安全要求：

1)应指定车梯负责人，每辆车梯推扶人员不得少于4人，车梯上的作业人员不得超过2人。

2)在铁路上使用车梯作业时，材料、工机具等不得放置在工作平台上。

3)在轨道电路区段上使用车梯时，车梯的车轮与钢轨间应采取可靠的绝缘措施。

4)不同接触线高度的接触网施工地点，应使用配套高度的车梯。

5)车梯应按计划上道，禁止非计划转道。

6)当邻线有列车通过时，作业人员应停止车梯作业。

7)当车梯在曲线上或遇大风时，车梯负责人和推扶人员应采取防止车梯倾倒的措施；当车梯在大坡道上时，应采取防止滑移的措施；遇6级以上强风、浓雾等恶劣天气应停止作业。

8)车梯在地面上推动时，工作台上不得有人停留。

9)车梯上的作业人员不得将安全带系在车梯工作台框架上。

10)隧道内和夜间施工时，车梯应在行车方向侧面悬挂黄色反光标志牌。

11)车梯搬离线路存放时，应采取措施防止其侵入铁路基本建筑限界。

12)使用车梯进行作业时，作业人员登梯前应检查梯子是否结实，安放是否牢靠，是否有人扶梯。

(11)攀杆作业应符合下列规定：

1)攀杆时，作业人员应戴好安全帽，作业时扎好安全带，安全带挂于牢固可靠处。

2)攀登支柱前，应检查支柱状态，观察支柱上有无其他设备，选好攀登方向和条件。

3)攀登支柱时应手把牢靠，脚踏稳准，尽量避开支柱上设备。用脚扣攀登时，脚扣应卡牢，防止滑落。

4)使用爬梯作业时，应保证爬梯上部绑扎牢固，并有专人扶持，梯脚应有防滑措施。

5)数人同登一根电杆作业时，不得在同一侧上下。

(12)在有轨道电路的区段作业时，不得使长大金属物体(长度大于或等于轨距)将线路两根钢轨短接。

怎样才能保障高压电气试验安全？

(1)电气试验应考虑下列危险源和危害因素：

1)检测机构没有经过资质认定、参试验人员不具备试验员资格、用于检测的设备没有经过检定容易造成产品重大不合格和人身伤害、设备故障事故。

2)在恶劣的天气下进行试验,试验时没有明确试验负责人和监护人容易造成人身伤害和设备故障。

3)在测试时没有按照要求选择仪器,对被试物未采取规定的技术措施容易造成设备故障。

4)没有对产生感应电压的设施进行全部停电就开始对供电设施进行试验容易造成人身伤害和设备故障。

5)在高压试验前后没有对被试物进行充分放电容易造成人身伤害。

6)高压试验用电源没有明显断开点,在带电设备附近试验时没有确认足够的高压安全带电距离容易造成人身伤害、设备故障、电网停电重大事故。

7)高压试验现场没有防护围栏或标志旗绳、无专人监护容易造成人员误入带电区域造成人员伤害。

8)高压试验人员没有按安全操作规程进行操作容易造成人身伤害、设备故障事故。

9)二次回路传动试验时,没有将电压互感器二次接线与互感器断开,高压侧隔离开关打开容易造成倒送电致使人身伤害。电流互感器二次侧试验结束后没有做二次回路导通及接地完好检查容易造成开路引起设备烧毁事故。

10)电气设备做远方传动试验时,没有联络确认、没有就地应急操作处理措施,设备处没有专人监护容易造成人身伤害和设备事故。

11)在运行的系统中进行控制、保护等二次回路试验时,没有运行人员的配合。试验结束后没有对所传动的回路进行恢复和检查容易造成运行事故。

12)接触网短路试验方案未报批、短路试验区段供电系统完整性未确认容易造成管理混乱致使设备故障、人身伤害。

13)短路参数测量装置的完好性未确认、短路数据收集不完整容易造成设备故障、人身伤害、短路试验失败。

(2)施工单位应委托获得国家资质认定的试验室对电气设施进行检验检测,检验检测人员应获得省、部级产品质量监督检验部门颁发的试验员证,检测仪表仪器必须能依照现行法规实现量值溯源。

(3)电气设备的绝缘性能试验应在良好天气下进行,被试物与环境温度不应低于5℃,空气相对湿度不应大于80%,遇有雷雨、大雾或6级以上大风时应停止高压试验。

(4)测定绝缘、交流高压试验、直流高压试验时,试验人员不应少于2人,并应明确安全监护人和试验负责人。

(5)对已受电变电所或已带电设备进行试验时,试验前应全面了解系统设备运行状态,取得工作票后方可进行。同时应采取安全隔离措施,必要的地方设专人监护。

(6)在带电设备场所,作业人员活动范围距带电体的距离应符合现行《铁路基本作业施工安全技术规程》(TB 10301－2009)的有关规定。

(7)在带电设备附近试验时,试验人员所处位置和仪器安放位置与带电部分的安全距离应符合现行《铁路基本作业施工安全技术规程》(TB 10301－2009)的有关规定。

(8)对大容量设备及长大线路(电缆)测试前应先将被试物对地充分放电。放电前必须先将放电棒接地线可靠地连接在接地点上,然后用带放电电阻的放电棒放电,最后用接地棒放电。测试后必须再次对被测物进行充分放电。

(9)试验开始前,负责人应向全体人员交代邻近间隔的带电部位,详细布置试验中的安全注意事项。

(10)加压前应对被试电气设备进行绝缘电阻测定,绝缘电阻不合格的设备,不得进行高压试验。

(11)试验用电源回路中应有两个串联电源开关并加装过载自动跳闸装置。开关应有明显断开点,通电前应对接线进行详细检查,确认无误后方可操作。

(12)高压试验现场应设有防护围栏或标志旗绳,并设专人监护。防护围栏与高压部分的带电距离应符合《铁路通信、信号、电力、电力牵引供电工程施工安全技术规范》(TB 10306－2009)的规定，并在防护围栏上向外悬挂“止步，高压危险”的标示牌。电缆试品两端应有专人防护并有可靠的通信联络。

(13)被试设备的金属外壳应可靠接地；高压试验装置的金属外壳应使用截面不小于 4 mm^2 的多股软裸铜线进行良好接地。高压引线应尽量短捷，并采用专用的高压试验线。

(14)加压前应认真检查试验接线，使用规范的短路线，表计倍率、量程、调压器零位及仪表的开始状态均正确无误。

(15)高压操作人员应站在绝缘垫上，确认所有人员离开高压区域，并取得试验负责人许可，方可加压。加压过程中应有人监护并呼唤应答。所有高压试验人员在全部加压过程中，应保持精力集中，随时警戒异常现象发生。加压过程中操作人员中途不得离开操作控制箱。试验因故中断应立即断开电源，并经放电、接地后方可检查。

(16)加压结束，试验人员应对被试设备进行放电，高压直流试验，在试验结束时，应将设备对地长时间放电并短路接地。放电完毕后拆除试验接线并对被试设备进行检查，恢复到试验前的状态，经试验负责人复查后方可结束工作。

(17)应选择与被试品额定电压相适应的兆欧表。测试连接线应使用绝缘导线，其端部应有绝缘套。

(18)测量前应将被测设备从电气回路中隔离开，验明无电压，将被测设备对地放电。

(19)确认设备无人工作后，方可开始进行测量。测试中需变更接线时，应进行放电。测量线路绝缘时应取得许可并通知对侧后，方可进行测量。

(20)在测量绝缘后应将被测设备对地放电。

(21)对多绕组设备进行绝缘测试时，应对非被试绕组进行短路接地。

(22)在有感应电压影响的场所测量绝缘电阻时，应将产生感应电压的相邻带电线路停电后方可进行。

参考文献

[1] 中铁二十一局集团有限公司. TB 10302—2009 铁路路基工程施工安全技术规程[S]. 北京：中国铁道出版社，2009.

[2] 中铁十局集团有限公司. TB 10303—2009 铁路桥涵工程施工安全技术规程[S]. 北京：中国铁道出版社，2009.

[3] 中铁九局集团有限公司. TB 10301—2009 铁路工程基本作业施工安全技术规程[S]. 北京：中国铁道出版社，2009.

[4] 中铁一局集团有限公司. TB 10305—2009 铁路轨道工程施工安全技术规程[S]. 北京：中国铁道出版社，2009.

[5] 中铁二局集团有限公司. TB 10304—2009 铁路隧道工程施工安全技术规程[S]. 北京：中国铁道出版社，2009.